Ich habe ein Lächeln geweint

AF285645

Zum Gedenken Jennifer Nitsch,
die im Sommer des Jahres 2004
auf tragische Weise ums Leben kam.

Ihr sind diese Gedichte gewidmet.

Manfred Nemann

Ich habe ein Lächeln geweint

– Gedichte –

Bibliografische Information der Deutschen Nationalbibliothek:
Die Deutsche Nationalbibliothek verzeichnet diese Publikation in der
Deutschen Nationalbibliografie; detaillierte bibliografische Daten sind
im Internet über http://dnb.d-nb.de abrufbar.

© 2010 Manfred Nemann
Satz, Umschlaggestaltung, Herstellung und Verlag:
Books on Demand GmbH, Norderstedt
ISBN: 978-3-8391-9258-0

Was ist der Mensch, dass er länger
leben soll als der himmlische Vater.

Du bist nicht mehr da, wo Du einst warst
aber Du bist überall, wo ich bin.

Nicht der Glanz und der Ruhm ist das Höchste,
sondern die Harmonie in unserer Seele.

Das größte Gefühl eines Menschen
ist die Empfindung
und sei es auch nur im Schmerz.

INHALTSVERZEICHNIS

Vorwort

„Die mich suchen, wissen wer ich war,
die Anderen brauchen es nicht zu wissen"

Warum Jennifer Nitsch?

Es gibt und gab viele gute Schauspieler und diejenigen die noch von sich Reden machen werden. Beim Betrachten von „Jennifers" Portrait müsste aber doch eigentlich dem Leser klar sein warum ich diese junge Frau so liebe und verehre.

Es ist vor allem der Mensch, die Frau, die ich so wundervoll finde, abgesehen davon das Sie nebenbei eine großartige Künstlerin war in ihrer Zunft. Ich gebe zu, ich kenne nicht all ihre Filme, aber die ich gesehen habe, haben mich überzeugt welch große Darstellungskunst diese Frau veranschaulicht. Andere Künstler mögen dies eben so tun, aber „Jennifer Nitsch" besaß eine Ausstrahlung wie ich sie an keiner anderen Frau verspürt habe. Auf ihre Augen, ihrem Mund, ihr „melancholisches" Lächeln möchte ich jetzt im Einzelnen gar nicht mal eingehen, ihr Portrait spricht für sich selbst.

Wie gern hätte ich sie in ihrem Leben einmal persönlich kennen gelernt und wenn es nur ihre Hand gewesen wäre die ich liebevoll berührt hätte. Und ihre Stimme die so wundervoll herb klingt, von wem sie die wohl hat? Von ihrem Vater, nein ich glaube nicht, denn der Herr Nitsch, den ich persönlich kennen gelernt habe, hat eine, so finde ich, helle Stimme die angenehm in den Ohren klingt, vergleichbar, wie die des Regisseurs und Schauspielers „Wolfgang Spier".

Wie dem auch sei, ich könnte mich in Jennifers Stimme verlieben, da man jene aus allen Stimmen heraus hören kann.

Warum Jennifer Nitsch?

Vielleicht ist es auch der Typ Frau den ich so mag. Ähnlichkeiten mit anderen Frauen gibt es bestimmt. Aber Jennifer Nitsch ist und bleibt das Original, man könnte sie auch nicht kopieren. So wie es nur einen „Goethe" gab, oder einen „Albert Einstein", und nicht zu vergessen, einen „Wolfgang Amadeus Mozart"! Es ist ihre Ausstrahlung, ihre Art, was sie sagt, wie sie es sagt. In ihren Filmen bekommt man es deutlich zu spüren, jede ihrer Rollen wirken so lebensnah gespielt, himmelhochjauchzend und doch zu Tode betrübt, gebrochen und dann wieder lebensbejahend, das man nur den Hut ziehen kann vor dieser großen Schauspielkunst. Wäre ich Regisseur so hätte ich Jennifer Nitsch auf die Bühne der Welt verpflichtet, nämlich ins Theater. Doch das furchtbare Schicksal, zugelassen von einem weit entfernten Gott, hat all ihre Träume zunichte gemacht und ihr Leben zerstört.

Ich habe sie leider nicht persönlich gekannt und doch habe ich das Gefühl das wir uns irgendwie sehr ähnlich sind.

Es ist, wie sagt man so schön „die gleiche Chemie".

Gewiss, ein Liebespaar wären wir wohl nicht geworden, ich hätte ihr das Wasser nicht reichen können, doch ein guter Freund, der da ist wenn man einen Menschen braucht, und wenn man doch nur mit einander redet, weil ein seelischer Kummer nicht weichen will, ja ein Freund der zuhören kann der wäre ich ihr auf Lebenszeit gewesen.

Aber sie war oder ist so wie ich, man lässt nicht jeden an sich heran. Sie liebte es aber mal so richtig zu feiern, oder wie sagt man ebenfalls so schön „die Sau raus zu lassen", die man durchs Dorf jagt. Wer tut das nicht. Doch im Grunde ihres Herzens war Jennifer Nitsch auch recht einsam, dann wenn man in die eigene Wohnung kommt und Nichts und Niemand da ist mit dem man sich aussprechen kann, das drückt aufs Gemüt. Gewiss, man kann sich ablenken durch Lesen, Musik hören, aber das alles ersetzt keinen Partner den man sich fürs Leben wünscht. Wir wissen das und dennoch lieben wir unsere Freiheit. Nicht gebunden zu sein, frei wie der Wind.

Warum Jennifer Nitsch?

Manchmal glaube ich „Sie" in irgendeiner anderen Frau wieder zu erkennen, zum Beispiel in jener Person die mir mal gegenüber einer Haltestelle stand und Jennifer sehr ähnlich sah, doch bleibt es nur eine Illusion. Jeder Mensch ist einzigartig in seinem Dasein, aber Jennifer Nitsch war mehr als das. Sie war eine Frau die wusste was sie wollte, stand mit eigenen Füßen im Leben und war sehr erfolgreich. Künstlerisch!

Ihre Schwermut, die jeder Mensch mehr oder weniger mal hat, überspielte sie mit ausgelassener Fröhlichkeit. Sie brauchte das. Jeder braucht das! Auch ich, obwohl meine Erzählungen in diesem Buch eher dazu neigen melancholisch zu wirken.

Ich kann nun mal nicht aus meiner Haut. Und „Jennifer" konnte das wohl auch nicht. Es vergeht kein Tag an dem ich nicht an sie denke. Und ich sehne den Tag herbei an dem ich zu ihr ans Grab pilgere und ihr gedenke. Sei es allein oder mit meinen neu hinzu gewonnen Freunden die das gleiche empfinden wie ich. Doch darf ich wohl behaupten das ich ein besonders großer Verehrer bin, der da seine Gedanken schriftlich niederlegt und diese mit Worten zu Gedichten formt, die da hoffentlich Anklang finden werden, gerade bei den Lesern die die gleiche Psyche an romantischer Lyrik mit mir teilen. Ich bin kein „Goethe", kein „Heine", aber ich bin ein Romantiker der verliebt ist in einen Traum, in einen süßen Traum. Ich möchte ihn weiterträumen in meinen Erzählungen, wie in den nachfolgenden Gedichten. Ich möchte den Erzählungen jedoch nicht vorgreifen. Deshalb bleibt es dem Leser überlassen ob ich in der Auswahl meiner Worte den richtigen Ton getroffen habe.

Vielleicht sind mansche Texte zu melancholisch, andere dagegen lassen den Humor nicht zu kurz kommen, doch über dem ganzen Werk steht der Verlust eines vielgeliebten Menschen, der es verdient in einem wenn auch nur kleinem Buch, gewürdigt zu werden. Geholfen hat es mir auch all die Stätten zu bereisen, wo Jennifer Nitsch gelebt, gewirkt und auch gelitten hat.

In München-Schwabing, in der Franz Joseph Straße, habe ich meine Gedanken gesammelt, notiert, habe den Treppenaufstieg zu ihrer Wohnung mit meinen Füßen nachvollzogen. Und da Niemand mich daran hinderte habe ich auch den Türgriff zu ihrer Wohnung zärtlich berührt. Ich versuchte „Ihr" so nah wie möglich zu sein, an dem Ort wo „Sie" täglich ihr Wohnhaus betrat. Und eine weiße Rose auf dem Gehweg vor ihrem Haus erinnert alljährlich daran wo diese wundervolle Frau ihr Leben auf tragische Weise verlor.

Ihren zerschmetterten Körper wage ich mir nicht vorzustellen. Ich will sie so in Erinnerung behalten wie sie uns gegenüber sich gab und entgegen trat. In sich gehend, nachdenklich dann wieder himmelhochjauchzend zu Tode betrübt. Wie im richtigen Leben.

Und wenn ich mir heute ihre Filme ansehe die da zu gegebener Zeit im Fernsehen in größeren Abständen laufen, dann spüre ich wie mein Herz in mir wehmutsvoll schlägt und habe dabei ein Lächeln geweint. Ja, ich weine, nicht jeden Tag, das darf auch nicht sein, weil sonst die Traurigkeit krank macht, doch schäm ich mich meiner Tränen nicht. Warum auch! Ich liebe doch das Leben und Jennifer nimmt weiterhin in meinem Herzen daran Anteil.

Warum Jennifer Nitsch?

Als man Sir „Edmund Hillary" fragte warum er als erster Mensch den Gipfel des „Everest" betrat, obwohl er doch wusste welche Qualen und Strapazen auf ihn zukommen würden, war seine Antwort diese: „Weil er einfach da ist, dieser Berg".

Und so empfinde ich es auch. Ich leide seelischen Kummer, weil es mir Jennifer Nitsch wert ist, weil sie einfach da ist, wenn auch nur in meinem Herzen. Sie lebt in mir und bei den Menschen die ihr zu Lebzeiten nahe standen. Sie lebt in ihren Filmen, in den Erinnerungen derer Menschen und in meinen Gedanken. Und wenn es der Herr Gott ihr erlaubt, so spricht sie auch, als Engel im hellen Licht, Worte die nur wir vernehmen können, weil wir mit dem unserem Herzen hören, weniger mit den Ohren.

Dem Leser sei es hier auch gesagt, er möge diese Texte mit dem Herzen aufnehmen, weniger mit dem Verstand, denn ich habe diese Erzählungen aus Liebe und Zuneigung mehr empfunden als nur so hingeschrieben.

Und nun sollen die folgenden Gedichte erzählen von meiner Liebe die nicht in Erfüllung ging, oder gehen durfte. Doch wer weiß, vielleicht werden Jennifer Nitsch die meinigen Gedichte ihr irgendwann einmal zugetragen, von einem Dichter der sein Dasein und sein Schaffen nur seiner unerfüllten Liebe gewidmet hat.

Vielleicht das man sich später noch mal dran erinnert, wenn ich nicht mehr da bin, an eine Schauspielerin und einen unbedeuteten Dichter der da diese Texte hat verfasst, für seine wie würde „Beethoven" sagen, „Unsterbliche Geliebte".

Und wenn ich an „Jennifers" Grab pilgere dann höre ich es deutlich in mir sprechen, aus ihrem Munde:

**„Die mich suchen, wissen wer ich war
die Anderen brauchen es nicht zu wissen"**

Dem habe ich Nichts hinzu zufügen

M. Nemann

„Ich liebe Sie"
„Soll ich Sie fragen ob Sie mich auch liebt?
Nein!
Warum nicht?
Weil deine seelischen Qualen
lohnender sind, als Ihre Antwort darauf."

Ein Monolog zu Beginn

Wartet, wartet noch eine Weile
bevor Ihr lest jene erste Gedichtzeile
denn von einem Dichter, der da ist für sich allein
soll hier kurz die Rede sein
Verliebt ist er in eine Frau
die unerreichbar nun ist für ihn geworden
die lange Zeit seiner Trauer, seine Haarsträhnen wirken
schon grau
man sieht es ihm an, seine gemütsvollen Sorgen
Abgekapselt hat er sich, er möget es mir verzeih'n
und sehnt sich doch nach einer Partnerin
Was soll das für eine Liebe sein
einen Engel zu lieben, ergibt das einen Sinn?
In seinen Erzählungen versucht er dies darzustellen
und doch mit den folgenden Zeilen mag man es erahnen
das Engel und Elfen sich hinzugesellen
und er lässt uns dran teilhaben
Mit einem Engel will er gesprochen haben
so erzählt er uns es in einem seiner Gedichte
er nennt diesen Engel auch bei seinem Namen
und lässt auftreten zuletzt kleine Elfen, Kobolde und Wichte
Sogar streiten tut er sich mit einem Freund
der ihm seine Liebe ins rechte Licht rücken will
dieser wirft unserem Dichter vor, dass er sein Leben
verträumt
Doch er lässt sich nicht entmutigen, ist ruhig, bleibt still
lässt sich nicht beirren
schwärmerische Gedanken die in seinem Hirn schwirren

er verteidigt sich und sein Verhalten
Worte und Gegensätze die im Streitgespräch auf einan-
derprallen
Auch ist er gut zu Fuß in der Münchner Metropole
legt weite Strecken zurück bis nach Schwabing
Ja, unser Freund hat eine heiße Sohle
am Haus „seiner Liebe" er mit seiner Fassung ringt
Wie oft hat er schon dort gestanden
und eine Blume niedergelegt zum Gedenken
es störten ihn nicht die unwissenden Passanten
die ihre skeptischen Blicke auf ihn lenkten.
Es schert ihn nicht, denkt er doch nur an die „Eine"
die einst dort kam tragisch ums Leben
Der Tod der so plötzlich kam auf unvorstellbare Weise
eine weiße Rose soll daran erinnern um Anteil zu nehmen
In einer Fußgängerzone in München kamen jungen Leute
ihm entgegen
Sie kreisten ihn ein und tanzten dazu, weil das Leben es
gut mit ihnen meint.
Sie munterten unseren Dichter auf trotz seiner Tränen
und er hatte aus Sympathie ein Lächeln geweint
Denn wenn er geht durch diese Stadt, ganz in Gedanken
versunken
folgt er „Ihren Spuren", wo „Sie" einst ist auch gegangen
In einem Café sitzend, andere Gäste über ihn unken
wenn er am Tisch Gedichte schreibt die seinen Geist
halten gefangen
„Ich fühle mich verloren wie ein Blatt im Wind"
so sprach er einmal zu mir nachdenklich
er leidet an Wehmut, weint wie ein Kind
darauf angesprochen er erwiderte: „So bin nun mal ich"

Er ist ein eigenartiger Mensch, der über vieles nachdenkt
gedanklich martert und knechtet er sich bis auf den letzen
Tropfen seines Blutes
deshalb wird er auch von Unwissenden missverstanden ist
leicht gekränkt
Das Unglück eines geliebten Menschen inspiriert ihn, er
sucht es
Er sucht es für sich selbst
Bringt Blumen und Engelsfiguren ans Grab seiner Liebe
für ihn nicht vergebens
Er steht zu seiner Treue wie in der Meeresbrandung ein
jener Fels
und er schmückt das Grab und sagt: „Das war die beste
Tat meines Lebens"
Von anderen Mitmenschen belächelt, die dies nicht nach-
empfinden können
hat er nun noch ein weiteres Buch geschrieben
Er geht darin auf, wir wollen ihm sein Glücksgefühl wohl
gönnen,
denn nur in seinen Erzählungen darf er sein Mädchen
lieben.
Und es sei hier kurz noch erwähnt, ganz unter uns
ein Bild seiner Liebe das es als kleines Mädchen darstellt
es reitet auf dem Rücken eines Jungen, bevor es rummst
oder besser gesagt, es auf den Allerwertesten fällt
Ein kleines Schmanckel „Kinderszenen" genannt
von Robert Schumann vertont, von unserem Dichter in
Worte gefasst.
Schumanns Klavierstücke sind recht wohl bekannt
Möge der Leser entscheiden, wenn er die Musik kennt,
ob der Text zu den Klavierstücken passt.

In einer Schublade wollte der Autor jenes Gedicht ver-
schwinden lassen
doch habe ich es ihm entrissen
Es ist eine Liebeserklärung an ein kleines Mädchen ich
konnte es nicht fassen
und es spielt sich ab zur Weihnachtszeit, sollte man wissen
Drum ist es hier mit eingereiht in den folgenden Gedichten
und nun lass ich euch, Ihr Leser, nicht länger verweilen
Es folgen nun kleine Kurzgeschichten
Gedanken, Sehnsüchte und Bekenntnisse die der Dichter
will euch mitteilen
Doch leset die Geschichten nicht nur mit dem Verstand
sondern vor allem mit eurem Herzen
damit ihr verstehen könnt, weshalb sein Herz ist so ent-
flammt
und ihr es vielleicht nachempfinden könnt,
diese, seine Sehnsüchte verbunden mit
seelischen Wehmutsschmerzen.

„Kinderszenen"

Prolog
Kinderszenen habe ich diese kleinen Verse genannt
frei nach der Musik von Robert Schumann
sie sind als Musikstücke allgemein recht bekannt
in Worten habe ich versucht zu schildern
Ob es mir wohl gelang?

„Kinderszenen"

„Von fremden Ländern und Menschen"

*Mein kleines Mädchen, hörest Du mir zu
von fremden Ländern und Menschen möchte ich Dir
erzählen
von Elfen, Feen und großen Riesen, mein kleines Du
will Dich ins Land der Märchen mitnehmen*

*Will erzählen aus Tausend und einer Nacht
dem Land wo Milch und Honig fließen
denn nichts von dem ist erfunden oder gar erdacht
es gibt sie wirklich jene Zwerge und Riesen*

Ein kleiner Tunichtgut.

„Kuriose Geschichte"

Ei, der Daus, was für ein Streich
zwei Lausbuben hinter der Hecke saßen
vom Nachbars Garten, wie war das doch gleich
sie aßen wilde Kirschen, aber nicht in Maßen

Groß der Schalk der beiden
doch es sollte sich böse rächen
Bauchschmerzen sie bekamen, großes Leiden
Nie wieder wollen sie ungefragt in sich fressen, so ihr
Versprechen

„Hasche-Mann"

Ja, was macht ihr denn, was tobet ihr herum
Du kleiner Wirbelwind von euch beiden
„Hasche-Mann" heißt euer Spiel, wie dumm
nun fällt sie hin, die Kleine und fängt an zu weinen

Doch kaum steht sie auf den Beinen
da geht der Spuk von vorne los
da soll man sich einen drauf reimen
Vorsicht mein Kind, das Glas zu spät:
Das Getränk schon auf meiner Hos´

„Bittendes Kind" und „Glückes genug"

Nicht alles was das kleine Herz begehrt
kann man im Leben bekommen
Doch habe ich diese kleinen Bitten gehört
hast mich um den Finger gewickelt, mein Mädchen, Du
hast gewonnen

Was gibt es schöneres als Dich glücklich zu wissen
ach, wie schnell vergeht diese Kinderzeit wie im Flug
Man möchte diese jungen Jahre nicht missen
Da sie dir so gegönnt sind, ist Glückes genug

„Wichtige Begebenheit"

Nun dauert's nicht mehr lang
klein sind ihre Herzen, doch groß jene Wünsche
Es wird doch wohl geben keinen Zank
Da seht, es gibt so vieles Gebäck, Schokolade und Nüsse

Denn bald beginnt für uns die Weihnachtszeit
an der Tür es klopft, wer kann das wohl sein?
Denn heut' Abend ist eine wichtige Begebenheit
Nikolaus und Knecht Ruprecht geben sich ein „stell Dich
ein"

„Träumerei"

Wie süß und lieblich, eingeschlafen bist Du
das viele Spielen hat Dich schläfrig gemacht
Vorsichtig decke ich Dich ein wenig zu
Denn auch Dein kleiner Körper verlangt nach Ruh´

Träume ein wenig, schließe ruhig Deine Augen
süß bist Du anzuseh´n, Du mein liebes Kind
Niemand darf Dir deine süßen Träume rauben
Denn ich wache über Dich, Du mein kleiner Liebling

Und wenn Du dann bist wach geworden
so gibt es viel zu erzählen, so manch einerlei
Doch Deine träumerischen Gedanken sind nur geborgen
So ist es halt, es war eine kleine Träumerei

„Am Kamin"

*Draußen stürmt und schneit es so winterlich
und Schneeflocken klopfen leise ans Fenster
Wir aber sitzen am warmen Kamin, und schön kuschelt es sich
und in der Kälte sind verlassen die Vogelnester*

*In Deinen kleinen Äuglein spiegeln sich
die Funken der Flammen wie leuchtende Rubine
Dabei seh´ ich in dein kleines liebes Angesicht
und ich spüre in meinem Herzen die gleiche Wärme, weil
ich Dich so liebe*

„Ritter vom Steckenpferd"

*Ich schau Dir so gern beim Spielen zu
Mein kleiner Ritter vom Steckenpferd
Hoppe, hoppe Reiter Du Tu nicht Gut, Du
Gleich rutscht sie mit dem Po auf die Erd´*

*Doch was ein richtiger Ritter ist
der lässt sich nicht so leicht verschaukeln
Mit Getöse und Geschrei, weil Du es ja bist
Und Dein Spielkamerad musiziert dazu mit Trompete
und Pauken*

„Fast zu ernst"

Nachdenklich wirkt mein kleines Mädchen
ein wenig traurig zeigt sich ihr Gemüt
sie streichelt ein kleines Kuscheltier, ein Schäfchen
Das viele Rumtoben hat sie gemacht recht müd´

Sie lauscht was wir Erwachsenen uns erzählen
und kuschelt sich still in eine Ecke, in Gedanken Du
Dich mir entfernst
ihr kleiner Mund, er fängt schon an zu gähnen
und hört stillschweigend zu, fast zu ernst

„Fürchtemachen"

Gar weit von hier in manch dunklem Wald
gar fern von menschlichem Wesen, die wir sind
mit glühenden Augen umherstreift eine dunkle Gestalt
schaurig anzusehen, fürchte Dich nicht mein Kind

Es ist ein alter verzauberter Wolf, schon fast ergraut
der da gar einsam sein Dasein in sich frisst
sein finsteres Gemüt, sein Heulen furcherregend laut
verdammt bleiben vom jenen Fluch, so lang bis ihn seine
Liebste küsst

„Kind im Einschlummern"

Dunkel ist es heraus geworden
der Mond lächelt freundlich ins Zimmer herein
Er behütet deinen Schlummer, frei von Sorgen
Gibt es da etwas, was wir nicht wissen, da insgeheim

Selig bin ich, das ich Dich bei mir hab´
Kind im Einschlummern, Du süßer kleiner Fratz
schlafe nun ruhig, bis der Mond begrüßt den neuen Tag
damit Du wieder rumtoben kannst wie eine flinke Katz´

„Der Dichter spricht"

Es ist als wär´ es gestern erst gewesen
eine Zeit an die man gerne erinnert sich
in kleinen Versen kann man es noch mal nachlesen
Drum hört was der Dichter zu euch spricht

Bei jenem Bild seh´ ich das kleine lächelnde Gesicht
ein kleines Mädchen was mich zu diesen Texten inspiriert
habe es geformt zu einem kleinen Gedicht
ob es mir gelungen, ich weiß es nicht, hab es halt probiert

„MEIN ANDERES ICH"

Wo soll es beginnen
wie soll es enden
ist mein anderes Ich von Sinnen
oder wie soll ich meine zwei Seelen benennen

Die eine liegt in der musischen Wiege
die andere ist dichterisch vernarrt in „Dich"
will kunden meine Sehnsüchte, die Macht jener Liebe
Das ist meine Doppelnatur, mein anderes Ich

Mein anderes Ich will sich offenbaren
aus Liebe habe ich angefangen zu dichten
vielleicht mache ich mich zum Narren
in die Welt der Poesien möchte ich versinken

Und der Grund ist die Liebe, Du herrliche Frau
von der ich so hingerissen bin
verborgen in den Wolken, die sich abheben vom Himmel-
blau
als kleiner Engel der Du bist, schwebst Du dahin

Ach, hätt´ ich Dich zu Lebzeiten ein einziges Mal gesprochen
und Dich persönlich kennen gelernt
ich habe es versäumt, bin gebrochen
und dennoch ist es Dein unsichtbarer Geist, der da mein
Herz erwärmt

Ja, Du bist die Sonne die mich erwärmt
Du bist die Luft in der ich atme
Du bist der Wind der da stürmt und sich entfernt
Du bist meine Poesie, die ich in meinem Herzen trage

Das ist mein anderes Ich
was nach außen hin ich verberge
das sich in Gedichten aber ausspricht
weil ich in mich hinein höre

Ja, in Gedanken fliehe ich in mich hinein
nur so kann ich mich „Dir" nähern
spüre im Inneren unser Beisammensein
will durchbrechen die geistige Barriere, um sie zu überqueren

Denn auf tragische Weise verlor ich meine Liebe
obwohl ich „Dich" nicht kannte geht es mir doch recht nah
Des Menschen Schicksal, liegt es denn schon in unserer
Wiege?
welch ein Fluch beherrscht uns da

Zwei Seelen, schlagen ach in meiner Brust
Ein romantischer Komponist, der dichterische Heine
soll ich mich wie Schumann stürzen in den reißerischen Fluss
oder dahin vegetieren wie jener Dichter, ihr wisst wen ich
wohl meine

Warum muss ich jene Menschen lieben
die da haben ihr Leben auf tragische Weise verloren
doch in meinem Herzen sind sie lebendig geblieben
und mit mir vereint sind sie wie neu geboren

Lebendig geblieben, so spukt es in meinem Hirn
wie ein Romantiker durchlebe ich die Musik
und durchdenke musikalische Themen, dass es Falten
wirft auf meiner Stirn
und versuche in Worten wiederzugeben wie es ein Dichter
von sich gibt

In Worten spricht auch mein anderes Ich
was sich sonst nur mir zu erkennen gibt
Jedoch gestehen möcht´ ich euch, ob man´s mir glaubt
oder nicht
Noch nie war ich in eine Frau so unsterblich verliebt

Ach, das ist ja das Unverständliche in mir
zu Lebzeiten hätt´ ich es Dir wohl kaum gestanden
wie groß meine Zuneigung ist, auch heute noch zu Dir
Da ich doch nun weiß, du ließest dich nicht gern ein-
fangen

Geliebt, ja geliebt hättest Du mich wohl nicht
das sagt mir mein gesunder Menschenverstand
aber das fällt auch nicht so sehr ins Gewicht
wär´ schon glücklich gewesen, wenn ich gedrückt hätt´
Deine kleine Hand

Was red´ ich da, auf Händen würde ich Dich tragen
und in meinem Kopf schwirrt nur herum Dein Name
ach, wenn Du doch es zuließest, dass ich Dich könnte
umarmen
um Dir das Gefühl zu geben wie lieb ich Dich doch
habe

Doch eines verbindet uns in Gedanken
wir können beide nicht gebunden sein
Würde ich es dennoch wollen, Du wiesest mich zurück in
die Schranken
und zurück blieben zwei Seelen, die da sind für sich allein

Jedoch hilft mir die romantische Musik
während ich verschmelze in träumerische Poesien
Es ist die poetische Ader die mit meinem Blute zieht
Das ist halt mein anderes Ich, was gegen depressive Ge-
fühle ankämpft, jene Disharmonien

Positives Denken, sagt mir meine innere Stimme
bist „Du" es denn, die da zu mir spricht
will mich reindenken, dass ich zu Dir finde
wenn schon nicht im richtigen Leben, aber aufgeben tu
ich nicht Dich immer zu lieben sagt mir mein Anderes Ich

„Dein Bildnis, was ich anseh' zu jeder Stund'"

Ist es der frische Morgen, ist es der schlummernde Abend
oder ist es der strahlende Tag
ich wirke manchmal so abwesend und nichts sagend
da „Du" in Gedanken bei mir bist, weil ich es so mag

Des Morgens erwache ich und seh' in Dein liebes Angesicht
auf meinem kleinen Kopfkissen ist abgebildet Dein Por-
trait, na und?
ich kuschel' halt so gern mit Dir, so bin nun mal ich
Gut geht es mir, wenn ich anseh' Dein Bildnis zu jeder Stund'

Es ist Dein Bildnis was ich an mich drück
und zärtlich liebkose ich Deinen süßen kleinen Mund
Merkwürdig, „Du" weichst nicht von mir zurück
da ich halte eng an mich das Kissen, das ist der Grund

Wie ein Kind komm selbst ich mir vor
und lebe in einer Welt die es gar nicht gibt
weiß ich doch, „Du" lebst nur in meiner Phantasie, ich
armer Tor
und schuld daran ist Dein Bildnis, in das ich so verliebt

Es kann auch sein das ich Selbstgespräche führ
doch ist es mir gleich ob man mich für einen Träumer hält
böse Zungen behaupten dass ich sogar den Verstand verlier
Na wenn schon, dann ist es eben so, weil es mir gefällt

Doch was ist es nur was Dich so bedrückt
wenn ich betrachte Dein sorgenvolles Lächeln im Gesicht
und dennoch, ich bin von Deiner Ausstrahlung entzückt
denn in Deinen Augen ist ein wunderbares Licht

Ja, es ist dieser Glanz in Deinen Augen
dieses Leuchten was so geheimnisvoll mich umgibt
ich bin gefestigt in meinem Glauben
„Du" bist die Liebe meines Lebens, ich habe mich unsterblich in Dich verliebt

Mag eben auch Deinen nachdenklichen Blick
und in meinen Gedanken lehnst „Du" dich ein wenig ängstlich an mich
Ja, komm nur ganz dicht zu mir, du ersehntes Glück
Hab keine Angst, will Dich nur berühren, ganz zärtlich

Berühren und kuscheln möchte ich mit Deinem Portraitkissen
auch wenn Du nur als Bild vorhanden bist
doch will ich Dich erst fragen ob es Dir genehm Dein Bild zu küssen
Ach, wie gern hätt´ ich Dich im richtigen Leben geküsst

Auf Deinem Portrait wirkst „Du" so sorgenvoll
es ist, als würde Dich irgendetwas bedrücken
es klingt in mir wie eine traurige Symphonie in Moll
und ich spür´s wie es mein Herz zerreißt in mitten

Habe Dich im Schlaf zärtlich geküsst
denn es busselt sich im Dunkeln gar so schön
Wie schade, dass es in Wirklichkeit nicht so ist
doch es ist nur Dein Portrait, muss mich dran gewöh'n

Weil, ich schmecke so gern Deine Küsse
und selig schläfst „Du" neben mir ein, mein Mädchen Du
das ist jenes was ich tagsüber vermisse
denn ich schau Dir so gern beim Schlafen zu

Ein grippaler Infekt mich traf und ich im Bette lag
Damals, ich erinnere mich, nicht all vor zu langer Zeit
Dein Bildnis mir Kraft, Hoffnung und Zuversicht gab
Habe fiebrige Nächte durchwacht, denn ich fürchte die
Einsamkeit

Ja, ich fürchte die Einsamkeit
wenn um mich herum alles verstimmt
Dein lieblicher Mund mich berührt und doch schweigt
und mich tröstet und busselt, als sei ich ein Kind

In meiner Phantasie sei es mir erlaubt sich jenes zu gönnen
wenn ich mir wünsche zärtliche Worte sprechen aus Dei-
nem Mund
Doch nur Narren träumen von dem einzigen was sie
nicht haben können
und erst recht, wenn ich anseh´ Dein Bildnis zu jeder Stund´

„Das Versprechen"

Allein bin ich und alles stirbt in mir
Die Augen möchte ich für einen Moment schließen
doch greif´ ich zur Feder um niederzuschreiben auf
Papier
da in meinem Kopf neue Poesien sich ergießen

Ausdrücken möcht´ ich das, was in mir vorgeht
wiedergeben in Worten, was mein Herz empfindet
möchte mich aussprechen, da ich innerlich so bewegt
will offenbaren mich an mein „Versprechen" das „uns"
verbindet

Ein „Versprechen" das an Deinem Grab ich Dir gab
Dich nicht zu vergessen, Dir zu gedenken
damals auf dem kleinen Friedhof in Wort und Tat
ich hatte geweint als ich Dir liebe Worte wollte schenken

Mir war als wär´ ich in einem schönen Traum gewesen
an jenem Grab das nicht mal dort gewesen ein jeder kennt
am Grabstein hatte ich Deinen Vornamen gelesen
war sehr ergriffen und hatte mein Haupt zur Andacht
gesenkt

Ach, ständest „Du" doch neben mir
und lehntest an meiner Schulter
was gäbe ich alles dafür
würde dieses geschehen, ich glaubte an Wunder

Ach, könntest Du doch in mein Herz sehen
Du Herrliche, Du Liebe meines Lebens
dann wüsstest Du, wie sehr ich mir wünsche Dich in
meine Arme zu nehmen
Doch es ist und bleibt ein Wunschdenken, vergebens

Und doch ist es mein Herz was für „Sie" weiter schlägt
denn ich fühle mich gebunden an mein Versprechen
Wer ist so wenig Mensch, dass er meine Sehnsüchte nicht
versteht
oder werde ich an meinen Träumen zerbrechen?

Hinausgeworfen bin ich in das Leben
in die Dunkelheit mancher Nacht
doch brennt es in mir, was ist geschehen
welches Feuer hast „Du" in mir entfacht

Ich möchte mich gar nicht verlieben
muss frei sein wie der Wind
„Du" bist ja auch ungebunden geblieben
und doch, es fällt mir schwer Dich zu missen, mein Liebling

Ich habe nichts als mein Herz mit dem ich sprechen,
lachen und weinen kann
und es ist Deine Seele der ich mich will offenbaren
Nur Du hälst mich gefangen wie ein unsichtbarer Bann
Unglücklich bin ich, dass ich Dir muss auf ewig entsagen

Doch ich halte mich an mein Versprechen, mein Wort
das ich Dir am Grab hab´ gegeben

ich werde immer wiederkehren an jenen Ort
wo Du nun heute ruhst, um Dein Grab zu pflegen

Weiß ich doch „Du" wartest auf mich
und freust Dich über die Blumengaben, die ich Dir
mitgebracht
aus den Wolkengebilden fällt ein sonderbares Licht
Am Grabstein eine Engelsfigur, die Deine Ruhestätte
bewacht

Das Gedicht geht zu Ende, nicht aber meine Liebe zu Dir
und ich sehne mich auch nach meiner Schlafenszeit
am liebsten möchte ich in Deiner Nähe liegen, nämlich hier
auf dem kleinen Friedhof im Tode mit Dir vereint

Und nach Jahren werden kommen, noch manche Leut´
die da am Grabe werden stehen
und man wird sich erinnern an jene Zeit
an die Schauspielerin „Jennifer Nitsch" und den „Unbe-
kannten Dichter" aus Bremen

„Wie aus der Ferne"

Prolog
Wie ist das wenn man durch die Straßen geht
und man an einen unsichtbaren Engel denkt
Ob er mich begleitet auf dem meinigen Weg
Ach, ich wünsche es mir so sehr,
da er immer meine Gedanken lenkt

Gepilgert bin ich durch München an der Isar
an den Orten gewesen, wo einst meine Liebe hat verweilt
Ich folge Ihren Spuren, wo Sie einst lebendig war
und an den Ort wo sie hat der Tod ereilt

Es ist ein Ruf wie aus der Ferne
der mir sagt: „Komm, ich bin hier und da"
ach, wenn es doch so wäre
damals wie heute, als ich in Schwabing war

*Einen festen Schlaf hatte ich, war müde vom gestrigen
Anreisetag
das Fenster weit geöffnet, ein neuer Tag ist erwacht
frische Luft in mein Zimmer, Straßenlärm mich umgab
und ich seh' auf München, die Sonne so freundlich mir
entgegen lacht*

*Wohne im Hotel recht weit hoch, ein herrlicher Blick auf
die bayrische Metropole
Ein bekanntes Wahrzeichen sich mir zeigt, wir aus der Ferne*

lass die morgendliche Zigarette weg, es geht auch mal ohne
genieße den Anblick der „Liebfrauen Kirche" und dessen
mächtigen Türme

Und das alles verbinde ich in Gedenken
an einer Frau deren Spuren ich folge
möchte mit dieser Pilgerreise meine Verehrung Ihr schenken
Für das einzige weibliche Wesen, meinem Idol „Du Holde"

Fahr im Fahrstuhl hinunter zum Frühstücksraum
und lasse mich gern vom Service bedienen
Ich liebe den frischen Kaffeeduft, Brötchen und Konfitü-
renpflaum
eine freundliche Begrüßung: „Grüß Gott der Herr, wie
geht es heute Ihnen?"

Eine ältere Dame, die mir gegenüber saß
und dabei war ihr Ei aufzuschlagen
„Greifen's halt nur zu, es gibt arch noch Leberkass"
„Nein vielen Dank, nicht am Morgen, muss ich nicht haben"

Wir sprachen über Gott und die Welt, auch weshalb ich
in München war
Der Name meiner Liebe war ihr nicht ganz unbekannt
Von weitem gesehen wirkten wir schon wie ein seltsames Paar
Doch war sie eine aufgeweckte Person, wie ich fand

„Ja, die „Jennifer Nitsch", jetzt waos i wen sie meinen
Lassen's mi mol überlegen, sie war a feines Madel
Die Schauspielerin aus Schwobing, i hob sie mögen leiden
im Sommer ist sie halt oft unterwegs mit derra Radel"

„Ja, die Nitsch, im Fernsehen hob i sie arch g´sehn
worten´s wie war gleich der andere Name?
zusammen mit dem „Michael Mendl", kennen Sie den?
Nicht so guurt, den mog i halt mögen, wie schade"

„Oder kennen´s sie die Iris Berben
oder noach besser die Ferres, Veronica
Jo, sie winken ab, i weiß scho wen´s halt verehren
Aber die Ferres, missen´s zurgeben, die is scho a Diva"

„Oder om lierrbsten hob i mögen die „Romy Schneider"
Gell, die kennen´s ar, hom´s a wieder im Fernsehen zeigt
Gegen derra kimmen´s oalle net on, die Weiber
Wos is, wollen´s scho geh´n, eilig hom´s halt die jungen Leut´"

An den Akzent muss ich mich erst gewöhnen
aber ich mag die bayrische Mundart und ihre Mentalität
Wir saßen schon eine ganze Weile am Klönen
Vergaß darüber die Zeit, es wurde halt ein wenig spät

Ein nettes Lächeln hat die junge Frau an der Rezeption
nun aber los, ich kann es kaum erwarten
ein freundliches „Grüß Gott", draußen war ich schon
dieses Wetter soll man nutzen, auf zum „Englischen Garten"

Vorbei am „Viktualienmarkt", der ganz in der Nähe liegt
ob „Jennifer Nitsch" hier auch mal ihre Einkäufe getätigt
hat
ein jeder weiß, dass es auf diesem Markt spezielle Lecke-
reien gibt
Ein Angebot von Wurstwaren, und das nicht zu knapp

Mehr wie essen kann man ja nicht
Man kann nur staunen über all das Sortiment und deren
Arten
Das Angebot hält was der Gaumen verspricht
Muss mich nun aber losreißen, auf zum „Englischen Garten"

Stundenlang könnte man sich hier ergehen
diese Oase im Grünen, die Lunge dieser Stadt
auf Wiesen zu liegen, der Natur zu lauschen, so lässt es
sich leben
Oh, Ihr Münchner, wie gut ihr es doch habt

In einem Biergarten am „Chinesischen Turm" habe ich
mich niedergelassen
und mir ein zünftiges kleines Bier gegönnt
Man hat sich gegenseitig zugeprostet, hoch die Tassen
Hier trifft man sich eben, wenn man sich auskennt

Doch wegen dem Bier bin ich nicht nach München gereist
frage ich mich doch ob „Jennifer Nitsch" hier hat auch
verkehrt
schließe meine Augen und sehe in meinem Geist
Sicher hat „Jenny", wie so oft, mit Ihrem Radel den Park
durchquert

Gestanden hat Sie hier und geträumt wie jetzt gerade ich
hat sich ins Gras gelegt und den fliehenden Wolken nach-
gesehen
Glücklich und zufrieden ein Lächeln in Ihrem Gesicht
und dem Käfer auf ihrer Hand einen kleinen Schubs
gegeben

Ein leichter Wind ging durch Ihr Haar
Sie ist so reizend anzuseh'n und man könnte sich in Sie
verlieben
selbst die Vöglein tuscheln miteinander, wie sonderbar
als Sie aufstand und ging, „ach, wär' Sie noch geblieben"

Das Plätschern eines kleinen Baches was da klingt
Schmetterlinge, die sich in farbige Blumen verlieben
Eine Drossel die sich niederlässt und singt
Wie aus der Ferne, gleich der Pastoralsinfonie, die damals
wurde
von „Beethoven" geschrieben

Überhaupt verbinde ich Natur auch mit guter Musik
besonders die Romantiker haben's mir angetan
In „Brahm's" zweiter Symphonie habe ich mich besonders
verliebt
Nur die Liebe zur einer Frau ist größer und ich fühle mich
wie im Märchen als wär' ich „Peter Pan"

Sehnen, ja sehnen tu ich mich
denn im Geiste wandelst „Du" in meinen Gedanken
Ist es Deine Stimme, die da zu mir spricht?
oder bild' ich es mir nur ein, dass ich anfang' zu kran-
ken?

Ach, lasst mich doch schwelgen
möchte noch einmal in meinen Träumen aufleben
Es ist mein Lieblingstraum, ich mein denselben
in dem Sie mir gegenüber steht um mich in die Arme zu
nehmen

Freundliche Wolken sind es die da gleiten hernieder
in die Stadt, die „Dein" zu Hause ward
München-Schwabing, seht ich komme wieder
Es ist schön hier zu sein, ein herbstlich verträumter Tag

Deine Seele in den Wolken, wie aus der Ferne, ist sie
doch auf Erden
Unfassbar für uns Menschen, doch nicht für Dich
Der liebe Gott lässt Dich wohl inkognito gewähren
während „Du" unter uns wandelst als Engel umgeben von
einem unsichtbaren Licht

Denn „Du" bist da, ich fühle Deine Wärme
nur sehen kann man Dich nicht
es liegt da was in dieser Atmosphäre
ich kann es mir nicht anders erklären, wie sonderbar, wie
wunderlich

Ich selbst schwebe wie auf Wolken dahin
wenn ich auf Deinen Spuren schreite
ich bin nun mal so wie ich halt bin
und in meinen Gedanken gehst „Du" an meiner Seite

Durch München kreuz und quer
wandere ich der Innenstadt zu
bin beeindruckt von luxuriösen Hotels und sonstigem Verkehr
Diese Stadt lebt und kommt nie zu Ruh´

Vorbei an der „Maximilianstraße" in Richtung Zentrum
Boutiquen mit den teuersten Auslagen die man sich vor-
stellen kann

Hier residierte doch auch der „Moshammer", brachte
man den damals nicht um?
Furchtbar, so ein Schicksal zu erleiden, ein Mord wenn
ich mich richtig entsann

Auf dem „Marienplatz" werde ich fast erdrückt
von den vielen Touristen die da sind in großer Zahl
Wo wollen die alle bloß hin, ist ja verrückt
Ah, sie alle stürmen die Lokale zum Mittagsmahl

Die Liebe geht halt durch den Magen
meine geht mir besonders ans Herz
doch ein Imbiss kann nicht schaden
zu meinem seelischen Kummer gesellt sich ein kleiner Scherz

Es gibt da in der Fußgängerzone ein Restaurant
in dem ich so gerne meinen Sauerbraten hab´ gegessen
ich glaube das Lokal wird „Augustiner" genannt
und ich frage mich wieder ob „Jennifer" hier hat auch
mal gegessen

Gern lass ich mich in einer kleinen versteckten Nische nieder
dort wo die Einheimischen es sich schmecken lassen
ich sitze lieber bei den Münchener Bayern, das ist mir
lieber
kann sonst nicht in Ruhe essen bei den Touristenmassen

Da sitze ich nun für mich in meiner stillen Ecke
und schreibe neue Verse erst einmal nur in Skizzen
mag nicht gestört werden, dass ich mich fast verstecke
und das Essen wird wohl warten müssen

Gehweg am Haus Franz-Joseph-Straße.

Eine Rose, an jener Unglücksstelle.

Doch mahnt mich eine innere weibliche herbe Stimme
„Lass es Dir nicht kalt werden, mein Freund
muss ich zu dir sprechen wie zu einem Kinde
oder bist du mal wieder versunken, hast mal wieder in
Gedanken geträumt"

Ich seh´ auf „Jennifer´s" kleine Bild an meiner Seite
das da am Riemen an meiner Tasche hängt
„Ach „Jenny", verzeih, was gehen mich an die fremden
Leute
ich muss meine Gedanken festhalten, egal was man von
mir denkt"

Die Gäste, sie glauben das ich Selbstgespräche führ´
mit dem kleinen Bild, dass da zeigt „Jennifer´s" liebes Gesicht
Kümmert euch nicht weiter um mich, ihr ahnungslosen ihr
Könnt ja nicht hören wenn mein Engel zu mir spricht

Nun aber auf hin zur Metrostation
die nicht weit vom Lokal am „Marienplatz" ist
neben mir spür´ ich wieder „Dein ich" wie ein unsicht-
bares Phantom
ob „Du" hier auch an manschen Tagen lang geschlendert bist?

Noch schnell eine Rose am Markt besorgt
für „Dich" mein Engel, meine Liebste mein
ich werde sie niederlegen vor Deinem Wohnhaus, dort
und niederknien mit gesenktem Haupt in Gedenken Dein

In der Metro lächelt mich ein junges Mädchen an
wohl wegen der weißen Rose in meiner Hand

ob sie sich es wohl denken kann
sicherlich nicht, denn sie hat „Jennifer´s" Portrait wohl
nicht erkannt

Wie sollte sie auch, oder vielleicht doch
da ich es unbemerkt zärtlich streichel und anfasse
Denn mansche Menschen erkennen meine Liebe auch
heute noch
und ich bin stolz darauf, auf das kleine Bild an meiner
Tasche

Die junge Frau, sie wirkt nett und ist hübsch
anzuseh´n
Doch meine Rose ist längst vergeben
das Lächeln das sie mir schenkt, von mir ein augenzwin-
kerndes Dankeschön
Doch bin ich schon gebunden, wenn auch nicht im wah-
ren Leben

„Gisela Straße" ruft eine weibliche Stimme durchs Ansa-
gemikrophon
hier muss ich raus in Richtung „Franz Joseph Straße"
schnell eil´ ich heraus, Trepp´ auf, aus der Station
mich empfangen Autohupen, Kinderwagengeschrei in
mitten einer Boutiquenterasse

Jetzt aber schnell, habe an Fahrt aufgenommen
dann steh´ ich gleich vor Ihrem Haus
Ach, würde Sie mir jetzt doch entgegenkommen
in Ihre Arme würde ich mich stürzen, so bräche es aus
mir heraus

In Ihre Arme stürzen, nein, dem hätte Sie nicht zugestimmt
wir wären wohl an einander vorbeigegangen
Doch im Vorbeigehen hätt´ ich gespürt jenen Wind
der Sie damals schon umgab und mich bis heute hält
gefangen

In Schwabing, in der „Franz Joseph Straße" hat Sie sich
bewegt
hier konnte man Ihr begegnen wenn Sie zu Hause war
Hier ging Sie ein und aus, auf diesem Weg
und der Wind spielte mit Ihrem blonden Haar

Wie oft habe ich schon hier verweilt
an diesem Haus, mit seiner gelben Fassade
Mich ergreift jedes Mal ein unfassbares Leid
wenn ich leg ab meine Rose, die ich in meiner Hand trage

Passanten gehen vorüber und starren mich an
mich, der da langsam auf und abgeht
Was soll das, wer ist dieser blasse Mann?
der da andachtvoll eine kleine Rose niederlegt

Ich fühle mich wehmütig und auch gebrochen
Es ist, als ob ich selbst verstorben sei
Es war gut, dass man mich nicht angesprochen
egal was man von mir denkt, es wär´ mir einerlei

Dort liegt sie, meine Rose wie ein lebloses Blatt
an jener Stelle, wo mein Liebstes ums Leben kam
Ich mag nicht dran denken wie Sie da gelegen hat
bin wie angewurzelt, fassungslos, welch Unglückswahn

Muss tief Luft holen, mir schwindelt fast
wenn ich seh´ hin auf diese Furchterregende Häuser-
wand
Herr im Himmel, das Du dieses Unglück zugelassen hast
ich frage mich, ob es Gott wirklich gibt, es zweifelt daran
mein Verstand

Und wie ich in Gedanken so verloren
eine junge Frau die eiligst dieses Haus betritt
„Vorsicht mein Herr, bitte zur Seite", ich trau kaum
meinen Ohren
Diese herbe Stimme war die gleiche die ich kannte und
sie entfloh Schritt für Schritt

Ich wollte ihr folgen, doch die Tür schlug zu
ahnte mehr als das was ich sah
War „Jenny" das nicht eben, es ließ mich nicht in Ruh´
huschte Sie da an mir vorbei, wie sonderbar

Im Fahrstuhl der da rauffährt zur Ihrer Wohnung
macht Sie Humoresken mit Ihrem Spiegelbild
Immer aufgelegt für einen Scherz, zu jeder Stund´
so ist das Leben einer jungen Frau, dynamisch, verrückt
und wild

Als plötzlich öffnet sich vom Haus die Eingangstür
im Jogging-Anzug Sie wiederum erscheint
Sie schwingt sich auf das Ihrige Fahrrad was stehend
hier
und radelt daran in Richtung „Leopold Straße" zu ihrem
Freund ?

Ich hätt´ Sie beinah gar nicht wieder erkannt als sie trat heraus
ungeschminkt mit Ihrem wilden zersausten Haar
Doch für mich sieht sie immer attraktiv und faszinierend aus
Sie fühlt sich eben unbeobachtet und will nicht aussehen
wie ein Fernsehstar

„Junger Mann, geht es Ihnen gut?" fragt eine männliche Stimme
und ein hinzugetretener Herr starrte mich an
ich war so abwesend, dass ich mich wieder entsinne
sorgenvoll musterte mich der fremde Mann

Ich hatte mir diese Begebenheit nur im Geiste vorgestellt
Ach, „Jennifer", „Du" warst mir nur in meiner Phantasie erschienen
Ich bin wohl der einzigste Träumer auf dieser Welt
der nur von Erinnerungen zerrt die ihm geblieben

„Haben Sie diese Rose dort niedergelegt?
und wenn ja, aus welchem Grund?
Ich seh´ es Ihnen an, sie sind innerlich sehr bewegt"
Er sprach recht leise, hielt die Hand vor seinem Mund

„Jeden Herbst lege ich eine Rose hier nieder
zum Gedenken an einer Frau, die mein Herz so begehrt
Es ist eine Pilgerfahrt, jedes Jahr auf´s neue, immer wieder
und es ist, als wenn ich selbst hier liege und sterb´"

„Nun weiß ich wohl von wem sie sprechen
hat diese junge Frau nicht den Freitod gewählt?"

„Sie müssen nicht alles glauben was die Medien von der
Stange brechen"
und wies somit seine Mutmaßungen energisch zurück, die
da wurden immer wieder erzählt

Er wandte sich ab, schaute sich noch mal um
Was er wohl mag über mich denken wird werden
Und ich selbst frag´ mich „Warum nur, Warum
musste hier an diesem Ort ein so junges Leben zerbrechen
und sterben"

Nun geh´ ich auf und ab an diesem Haus
geh´ entlang den Bürgersteig den „Jennifer" so oft ist
gegangen
Hier parkte Sie Ihr kleines Auto ein und aus
ich seh´ es deutlich vor mir, kleine Tränen gleiten herab
an meinen Wangen

Es ist Herbst und wenn die Blätter fallen sinkt auch mein
Gemüt
Habe neue Gedanken aufgenommen und geh´ damit
spazieren
Wie aus der Ferne erklingt ein musikalisches Thema das
sich zusammenfügt
Diese Melodie im Kopf, ich darf sie nicht verlieren

Es ist ein Song aus den „Siebziger Jahren"
Ein sehnsuchtsvolles Lied: „Without you"
„Nilsson", ein Sänger aus damaliger Zeit, hatte es vorge-
tragen
bei diesen Klängen denke ich, gemeint damit bist „Du"

Es geht mir immer wehmütige Musik durch den Sinn
Ganz besonders dann wenn ich an mein Liebstes denk´
Ich bin nun mal so wie ich bin
In dieser Musik spiegeln sich Kummer und Schmerz
was mit meinen Gefühlen zusammenhängt

Es ist die Trauer die über mich herfällt
und meine Stimmung beginnt sich herbstlich zu färben
Das Blatt vom Baum was da niedergeht und langsam
verwelkt
Sind wir nicht alle verurteilt, morgen oder irgendwann
zu sterben

Es ist mir ein Grüblerisches in sich gehen
ein innerer Zwang der mich zum Poet sein verpflichtet
Vorbeigehende Passanten sehen mir nach, bleiben ver-
dutzt stehen
denn ich habe gestikulierend für meine Liebste gedichtet

Als da fährt ein Touristenbus am Haus entlang
In der „Stadtrundfahrt" ist Schwabing natürlich mit
einbezogen
Den Reisenden wurden die hohen Mietspreise im Bus
genannt
Ja, das Wohnen ist wohl teuer in den Schwabinger Zonen

Aufschreien hätt´ ich mögen: „Seht auf dieses Haus Nr. Vierzig
hier hat eine große Schauspielerin gelebt und gelitten
Sie war doch erst an Jahren Mitte Dreißig
eine Tragödie hatte sich abgespielt, hier wo ich stehe, in
mitten"

Das Wohnhaus in Schwabing.

Eingang zum Wohnhaus.

Verzeiht mir, ihr Touristen könnt es ja nicht wissen
das hier meine große Liebe zu Tode kam
der Gehweg auf dem Sie hier starb, berühren möchte ich
ihn und küssen
jener Sturz aus dem Fenster, ich seh´ Sie immer noch
fallen, welch ein Wahn

Dort liegt sie nun die kleine Rose, die ich mitgebracht
werde sie beiseite legen damit sie wird nicht zertreten
man wird sie nicht weiter bemerken, man lässt sie außer
Acht
Doch werde ich heute Abend in einer Kirche für „Jenni-
fer" beten

Noch ein letzter Blick zu „Jennifer´s" Wohnung nach oben
Dort im vierten Stock wo meine Liebe einst gelebt
Das Unglück, der furchtbare Sturz bis hinunter zum
Boden
Ich berühre mit meiner Hand dort wo sie gelegen und bin
innerlich sehr bewegt

Ein Gefühl sagt mir, folge „Jennifer´s" Spuren
Allein mein Weg führt mich in Richtung „Leopoldstraße"
zurück
Die Zeit vergeht so schnell, was kümmern mich die welt-
lichen Uhren
Doch „Du" begleitest mich ja im Herzen, ich weiß, ich
bin ein wenig verrückt

Dein kleines Bild an meiner Tasche
es schlackert beim Gehen hin und her

mit meiner Hand ich Dein Bildnis zärtlich erfasse
ach, wenn es doch in Wirklichkeit auch so wär´

Die „Leopoldstraße", ob „Du" hier hast auch flaniert
Ich bin sicher, Du hast dieses Straßenchaos geliebt
Shopping machen, sich im Schaufenster spiegeln, ein
wenig amüsiert
sich ins Schwabinger Ambiente stürzen, weil es schöneres
nicht gibt

Was für ein Treiben ist das
Welch ein Leben erfüllt diese Stadt
Ja, ich gebe zu es hat sein gewisses Etwas
Ein Flair was nicht ein jeder Ortsteil hat

Aus einem Café dringt laute Musik zur Straße hin
„Downtown", ein Oldie von der unvergesslichen „Petula
Clark"
ich summe diesen Schlager für mich mit, musikalisch wie
ich bin
weil ich diese Melodie auch so gerne mag

„Geh´ hinein", sagt mir meine innere Stimme
und suche mir wieder eine gemütliche Ecke, weil ich es so
mag
Mir gefällt dieses Ambiente wie ich finde
und von fern schon die Bedienung naht

Ob „Jennifer" hier wohl auch hat kaffeesiert
und dem Treiben auf der Straße hat nachgesehen
ob sie genüsslich eine Zigarette hat inhaliert

um dann weiter zu beobachten das vorbei laufende Volk
und Geschehen

Ja, ich seh´ es deutlich vor mir
wie Sie Ihre Zigarette hält und mit einer Freundin
spricht
Vielleicht war es gerade jetzt, um diese Zeit, nachmittags
um Vier
Als da plötzlich eine freundliche Stimme mich in meinen
Gedanken unterbricht

„Grüß Gott der Herr
was darf ich Ihnen bringen?“
„Einen Milchkaffee bitte sehr“
aber ohne Süßstoff oder ähnlichen Dingen“

Verwundert blieb die Bedienung beim Servieren einen
Moment stehen
und betrachtete interessiert das kleine Bild an meiner Tasche
„Ich kannte Frau Nitsch, habe sie hin und wieder hier
gesehen
sie sind bestimmt ein Fan von Ihr,“ und stellte ab meine
Tasse

Ich war angenehm überrascht und sehr angetan
spürte wie mein Gesicht vor Aufregung glühte und leuch-
tete
Sie hörte mir stillschweigend zu, ein wenig Zeit sie sich
nahm
während ich mit bewegten Worten wiedergab, was mir
diese Frau bedeutete

Nun war ich in meinem Element
und konnte meinen Redeschwall heraus lassen
redegewandt, so wie man mich kennt
hielt ich eine Laudatio auf „Jennifer", meine Zuhörerin
konnte es nicht fassen

„Ja, Sie ist die Frau die ich liebe und begehre
Sie ist mein besseres ich
Lebe Sie noch, ach, wenn es doch so wäre
würde ich steh'n Ihr zur Seite, als wär' es meine Ritters-
pflicht"

„Es ist nicht nur die Schauspielerin die ich begehre
es ist vor allem die Frau die mein Herz so begehrt
meine Liebe ist so groß, dass ich fast daran sterbe
und es manchmal auch an meinem Seelenbewusstsein zerrt"

„Es ist nicht die Aufregung des ersten Augenblicks
was mich an „Jennifer Nitsch" hatte begeistert
Es war und ist eine Seelenverbundenheit Ihres Unglücks
und mein Mitgefühl an Ihrem Schicksal an dem Sie so
jung ist gescheitert"

„Nein, das wir uns nicht mißversteh'n
Sie ist und bleibt für mich eine starke Persönlichkeit
und wenn Sie mir begegnet wär, damals so wie heut'
hätt' ich Sie nur bewundert und stillschweigend
anseseh'n"

Lange sah mich die Serviererin nachdenklich an
was sie wohl wird gedacht haben über mich

*Wahrscheinlich wirke ich wie ein unglückseliger verliebter
Mann
der aus Liebe sich offenbart und auch das meint was er spricht*

*Nur ein Weile konnte und durfte sie verbleiben
da noch andere Gäste waren zum kaffeesieren
Doch wollte ich noch ein wenig verweilen
um mich in meinen eigenen Gedanken zu verlieren*

*Da sitzt Sie, selbstbewusst, attraktiv und gepflegt
die Zigarette nah an Ihren Mund geführt
wie elegant Sie Ihre Beine überschlägt
mit einem sehnsuchtsvollen Blick der mich fast verführt*

*Ihre Ausstrahlung, Ihre Anmut, Ihr Charme
Ihre Art wie Sie spricht und sich gibt
als plötzlich sich treffen unsere Blicke, Sie mich vernahm
ich kann Ihr nicht widerstehen, bin hoffnungslos verliebt*

*Diese grün-blauen Augen, dieser hingebungsvoller Blick
werde unsicher, sehe verlegen zur Seite
ich schmelze hin vor Liebeswahn und Liebesglück
und bemerke nicht das Tuscheln über mich anderer Leute*

*„Hallo, Halloo, darf ich Ihnen noch etwas bringen?"
wurde richtig wach durch eine neue herantretende Person
die Gegenwart hatte mich wieder, mit irdischen Dingen
Wie aus weiter Ferne, es war nur eine geträumte Fiktion*

*Wie aus weiter Ferne so träume und bilde ich es mir ein
doch der Platz mir gegenüber ist verwaist und leer*

Sie hat bestimmt hier mal getrunken Ihren roten Wein
der so gut passt zu Ihren Lippen, ach, wenn es doch heute
noch so wär´

Die Melancholie, da ist sie wieder
muss auf andere Gedanken kommen
muss hinaus ins Freie, muss bewegen meine müden Glieder
habe den Weg zurück zur Metrostation wieder aufgenom-
men

Es gibt in München einen Liegewiesenplatz in Zentrums Nähe
der da ward „Marienhof" genannt
dort sitze ich sehr gerne und sehe
den jungen Leuten nach auf meiner Lieblingsbank

Pärchenweise schlendert man einen Ausruhepunkt zu
lässt sich nieder in mitten der Wiesen
sicher hat „Jennifer" hier auch verweilt um zu schöpfen
ein wenig Ruh´
von Ferne ragen in Höhe sich, die „Frauenkirchtürme"
wie zwei Riesen

Und wieder sinnend schwelge ich auf meiner Bank
und wünschte „Du" lehntest an meiner Schulter
In Gedanken liebkose ich Deinen Mund, streichle Deine
Hand
und „Paul Anka" singt: „Put your hand on my shoulder"

Ich liebe diesen Ort wo Treiben ist und buntes Geschehen
wo man seine Zeitung liest und seinen Gedanken nach-
hängt

„Oh, Jennifer, hörst Du, ich liebe doch das Leben"
Es geht einem vieles durch den Kopf, wenn man im Stil-
len darüber nachdenkt

So ist nun mal das Leben, denke ich für mich
habe mehr als die Hälfte meines Lebens gelebt
Werde allmählich alt und grau, fürchte ich
schließe meine Augen um zu fühlen was in einem vorgeht

Eine junge Frau mit Kind an mir vorübergeht
Ich seh´ ihr nach und denke: „das könntest auch Du sein"
Ihr Kind beim Ball spielen richtig auflebt
wollte „Jennifer" nicht auch mal ein Kind haben, denke
ich insgeheim

Da sitz ich nun und schaue beiden beim Spielen zu
Verdammt, „Jenny", diese Frau, sie gleicht Dir aufs
Haar
Ich weiß, ich verdreh die Tatsachen, mein liebes „Du"
aber sie sieht Dir irgendwie ähnlich, wie sonderbar

Als plötzlich der kleine Spielball kullert zu mir
das Kind, ein kleines Mädchen mit den Äuglein fleht
Ich reiche ihr den Ball, die Kleine, sie schenkt mir ein
Lächeln dafür
ein neues junges Leben, das da vor mir steht

Erst ein unsicherer, dann ein doch zuneigender Blick
den die junge Frau mir gab
Man sah es ihr an, das kleine Menschenkind ihr größtes
Glück

Ach, „Jennifer", du hattest über's Kinderkriegen auch
nachgedacht, in der Tat

Siehst „Du" von dort oben herunter in mein Herz
denke ich, und sehe in die Münchener Wolken hinauf
Du mein Alles, Du mein liebgewonnender Schmerz
Du empfindest es ebenso, ich tue es auch

Ich weiß „Du" wärst eine liebevolle Mutter geworden
und in meinen Träumen bist „Du" es die da dem Kinde
zugetan ist
hinfort sind für einen Moment meine seelischen Sorgen
Doch weiß ich natürlich das „Du" es in Wirklichkeit
nicht bist

Ich seh´ den Beiden noch eine Weile zu
und finde Gefallen an Mutter und Kind
Die „Kleine" hält einen richtig in Atem, man kommt
kaum zur Ruh´
Ein richtiger Wirbelwind, wie Kinder nun mal sind

Ja, ich liebe diesen Platz, diese Atmosphäre
immer wenn ich in München bin, lasse ich mich gern
hier nieder
Ach, wenn doch der Anlass meines Daseins ein anderer
wäre
und ich ausgelassen sein könnte wie Mutter und Kind
mir gegenüber

Liebespärchen gehen Hände haltend an mir vorbei
und eine freche Hand streichelt versteckt einen Po

Ich tu so als hätt´ ich es nicht gesehen, wie dem auch sei
Es ist ein herrlicher Nachmittag, hier mag ich sein, fühle
mich inkognito

Inkognito?, ob „Jennifer" hier hat auch mal gesessen
unerkannt, von den vorbeigehenden Passanten kaum
wahrgenommen
einfach nur für sich sein, von der Sonne sich wärmen
lassen
man insgeheim die Parkbesucher mustert die da vorbei-
kommen

Viele junge Leute machen hier gerne Rast
Angestellte, Studenten und natürlich jene Touristen
man gibt sich offen: zeig her was du hast
stellen manche junge Mädel´s sich leicht bekleidend zur
Schau, wenn die wüssten

Sicher die Mädel´s sehen zum Anbeißen aus
andere wirken dagegen auf mich wie angemalte Barbie-
puppen
Ich denke mir mein Teil, schmunzle, weil der berühmte
Affe mich gerade laust
auffallen um jeden Preis, das die Leute auch wirklich
hinkucken

Doch wer im Glashaus sitzt, sollte nicht mit Steinen werfen
denn wenn´s mir gefällt schreib ich Notizen, wie einer der
studiert
denke dabei laut, gestikulierend, strapaziere anderen ihre
Nerven

während man mich hält für einen Studienrat, der die
Arbeiten seiner Schüler korrigiert

Nein, so arg wird es wohl nicht sein
auch wenn ich manchmal versinke in eine andere Welt
doch in den selbigen Momenten fallen mir dichterische
Verse ein
die ich dann als bald zu Papier bringe, weil es mir so gefällt

Noch ein Blick zum bekannten „Dallmayer" Haus
was hier auch am „Marienhof" ist zugegen
ein Obdachloser räumt nebst meiner Bank den Abfall-
korb ein und aus
um Leergut, das ihm ein wenig Verdienst einbringt mit-
zunehmen

Ach, „Jenny", Du mein Engel der Du bist jetzt dort oben
Hier auf Erden muss ein jeder sein Kreuz tragen
Der liebe Gott ist hoffentlich auch den Hilfsbedürftigen
gewogen
damit dieser heute Abend auch was „Warmes" hat im Magen

Wie aus der Ferne, so tönt es herüber
das donnernde Glockengeläut der „Liebfrauenkirche"
dieses Himmelskonzert zieht mich magisch an, immer
wieder
Mächtig erheben sich die Türme, das ich mich fast fürchte

Es hält mich nicht, muss sehen was dort geschieht
möchte aus Liebe zu „Jennifer" an einem abendlichen
Gottesdienst teilnehmen

damit „Sie" weiß wie sehr man Sie liebt
damit ich kann im stillen Gebet mit Ihr reden

Ungewohnt und neu ist es in der Kirche für mich
und ich empfinde Ehrfurcht als der Prediger seine
Stimme erhebt
Der Heiland am Kreuz, ich seh´ in sein Angesicht
ob er weiß, wie es in meinem Herzen um mich steht

Verzeiht mir ihr Gläubigen das ich mich habe hier
verirrt
an diesem Ort mit den prachtvoll gemalten historischen
Wänden
doch denke ich mal das es den lieben Gott nicht stört
wenn ein Protestant wie ich bete mit zusammengefügten
Händen

Und während der Worte die dort wurden am Altar
gesprochen
sah eine in Stein gehauene Engelsfigur auf mich herab
Jener Engel wirkte auf mich so tröstend, das ich begann
zu hoffen
und er erinnerte mich an den selbigen der da ruht an
„Jennifer´s" seligem Grab

Gewiss er ist nicht so groß wie dieser Engel hier zugegen
den ich hab´ „Jennifer" ans Grab gestellt, auch wenn es
nur ein kleiner ist
Die anderen Verehrer, die „Dich" am Grab besuchen,
sollen sehen
das „Du" nun selbst zum Engel geworden bist

Nun sitz ich hier auf einer der vielen Bankenreihen
und verfolge das Geschehen am Altar
Der Prediger liest aus den geheiligten Schriften jene
Zeilen
die uns sagen sollen, dass Gott in uns ist und immer da

„Oh, Du Herr Gott im Himmel, jetzt fühle ich mich
mutiger
doch vermag ich nur leise sprechen zu Dir
ich bitte Dich sag meiner „Jennifer" wie sehr ich Sie liebe,
Du Gütiger
und das ich immer stets gedenke Ihr"

„Denn Du sollst wissen warum ich mich Dir anvertraue
Ich kann keinen Atemzug tun, ohne an „Jennifer" zu
denken
Sie gibt mir die Kraft weiterzuleben, weil ich glaube
das Sie wird mir Ihre Zuneigung schenken"

„Ich spüre es, das mein Engel zu mir herunter sieht
Oh, Du Gott, Du Herrlicher, Du lässt mich doch gewäh-
ren
sag Ihr, dass es nur eine Liebe für mich gibt
und ich sehne mich nach dem Tod, damit wir beide
vereint wären"

Nein, ich habe keinen Recht dem Heiland meinen Willen
aufzuzwingen
darf nicht und muss der Versuchung widerstehen
Muss lernen es zu akzeptieren, mein Gemüt ins rechte Lot
zu bringen

*Denn das ewige Leben ist nur denen vorbehalten, die in
unseren Herzen weiterleben*

*Eine Kerze möchte ich für meine Liebe entzünden und
mich besinnen
diese Flamme die nun sichtbar wird, vereint mit anderen
Lichterseelen
spreche leise „Jennifer´s" Namen und seh´ in das fla-
ckernde Licht ganz im Stillen
und ich vernahm einen unsichtbaren Hauch als würde
„Jennifer" neben mir stehen*

*Merkwürdig, schon einmal glaubte ich eine Kraft zu
verspüren
damals als ich stand an „Jennifer´s" Grab
es war als ob der Wind mich wollte zärtlich berühren
oder war es doch ein himmlisches Sinnen dem ich erlag*

*Ein Geistlicher neben mir stand
und andachtsvoll auf die ruhenden Lichter sah
stillschweigend reichte er mir freundschaftlich seine
Hand
und ich fühlte wie gut es mir tat, wirklich sonderbar*

*Er sprach mir liebevoll tröstende Worte zu
als ich ihm meinen seelischen Verlust nannte, „Jennifer´s"
Namen
Seine Ausführungen, Balsam für meine Seele, jene innige
Ruh´
und ich spürte wie seine Worte mir ein wenig meinen
Kummer nahmen*

Und als ich aus dem Hause Gottes trat
klang wie aus der Ferne jener musischer Psalm mir ins Ohr
Eine Musik, so durchdrungen von Harmonie wie ich es mag
Es war der erste Satz aus „Brahm's Requiem", gesungen
von einem Chor

„Selig sind die, die da Leid tragen
denn sie sollen getröstet werden"
so erklang es und ich begann mich zu fragen
Warum, warum nur müssen die, die wir so lieben, so
früh sterben

Wie ein Blitz schoss es mir durch den Kopf, jener Gedanke
Noch mal die Stufen rauf zur Kirchturmspitze
Die Luft blieb mir weg, oben angekommen, ich wankte
Doch war es angenehm kühl, keine Sommerhitze

Ein herrlicher Rundumblick bot sich mir an
München lag mir zu Füßen im schönsten Sonnenschein
Ich weiß, „Jenny" litt unter Höhenangst, doch halte ich
fest das kleine Bild,
ich denke stets daran
Doch hier oben konnte ich meinem Engel etwas näher sein

Ich sah auf mein kleines Bild von „Jennifer"
aufgetürmte Wolken waren am Münchener Himmel zu
seh'n
Hinter welcher Wolkenwand hat mein Engel sein Dasein,
ach, ich wüsste es so sehr
und die Glocken läuteten zum Abschied donnernd und
zugleich recht schön

In der Fußgängerzone blickte ich noch mal zurück
da ein Tourist seine Kamera auf die Kirche gerichtet
Ich rief ihm zu, doch er hatte schon den Auslöser gedrückt
„Sie brauchen es gar nicht zu photographieren, das hab´
ich schon alles weggedichtet"

Verdutzt sah er mich forschend und nachfragend an
und konnte mit dem was ich gemeint nichts anfangen
Er glaubte wohl das ich im Geiste nichts dafür kann
Ich lachte ihm zu und machte mich schnell von dannen

Habe meinen Humor wohl noch nicht verloren
wundere mich selbst, denn ich habe ein Lächeln geweint
sehe dem pulsierenden Leben und Treiben nach, Straßen-
musikanten nerven meine Ohren
Doch es ist mal was anderes, München du Stadt, ich
fühle mich mit dir vereint

Ja, München, du herrliche Stadt, in der ich so gern verweile
folge „Jennifer´s" Spuren wie es meinem Idol gebührt
Die „Kaufingerstraße", die zugleich ist Fußgängerzonenmeile
jene Einkaufspassage, die bis zum „Stachus" führt

Hier ist „Jenny" gelaufen, hat Ihre Einkäufe getätigt,
hier ist Sie in einem Straßencafé gesessen
hat gelacht, geraucht und mit Ihrem Handy telefoniert
hier hat Sie sich mit Freundinnen getroffen und fühlte
sich wohl und bestätigt,
hier hat Sie Zeitschriften und Zeitgeschehen studiert und
mit einer
anschließenden „Shopping-Tour" promoniert

Ich seh´ wie Sie sich niederlässt auf einer Bank am „Stachus"
Sie wirkt wie eine Frau von Welt, attraktiv und galant
ich seh´ wie Sie gemeinsam mit anderen Fahrgästen war-
tet auf den Omnibus
und es ist Ihr angenehm, dass Sie bleibt für andere unerkannt

Ich seh´ wie Sie sich ein schönes Eis hat gekauft
mit Früchten und einem Klacks Sahne obendrauf
Doch ein Hund springt dazu leckt daran
ärgerlich für jeden, doch Sie darüber nur herzlich lachen
kann

Ich weiß, es klingt wie eine Anekdote
doch so könnte es sich wirklich abgespielt haben
Sie war stets hilfsbereit zu Ihren Mitmenschen dort wo
Sie einst halt wohnte
war stets freundlich immer mit einem Lächeln im Ge-
sicht, hörte man sagen

Ich atme diese Luft die auch „Jenny" geatmet hat
hör´ den bayrischen Akzent, den Sie auch vernahm
ich liebe wie „Jenny" diesen Flair jener Stadt
am liebsten würde ich hier leben und sterben ob reich
oder arm

Menschen strömen durch die Innenstadtmetropole
relaxen in mitten der Caféterassen und rauchen
sehen und gesehen werden, trinken ihren Milchkaffee
oder Bier, na dann zum Wohle
Tragetaschen voll gepackt in der Sonne sitzend, gestresst
vom Einkaufen

Ach, „Jennifer" würden wir uns heute begegnen
Du wärst an mir vorbei geschlendert
Nachgesehen hätt´ ich Dir, während wir auseinander
streben
ich hätte mich sofort verliebt, doch das hätte nichts geändert

„Du" stehst zwar nicht auf schöne Männer
wie „Du" es in einem Film mal angedeutet hast
Doch Dir kann man nichts vormachen, bist ein Kenner
würdest mich halten für einen Traumtänzer, was zu mir
ja auch passt

Und doch liebe und begehre ich Dich
und schreib´ Gedichte nieder die ich Dir verehre
Ich wünschte Du könntest Sie lesen und das gleiche emp-
finden wie ich
und mir sagen wie lieb Du mich hast, ach, wenn es doch
so wäre

Es öffnen sich die Bilder und ich geh´ in ihnen spazieren
mit verschränken Armen zum Rücken wandere ich durch
diese Stadt
es waren „Jennifer´s" Spuren, der Weg, den ich hatte zu
absolvieren
war es doch ein herrlicher Tag, doch fühle ich mich ein
wenig müde und matt

Wohlgemerkt, ich bin auch nicht mehr der jüngste
doch der Gedanke an „Jennifer" hält mich jung
und wenn ich es nicht besser wüsste
man ist eben halt so alt wie man sich fühlt, na und!

Ansichtskarten möchte ich noch schreiben
an die „Grabfreunde" die ich hatte kennen gelernt
möchte meine Eindrücke wiedergeben mit wenigen Zeilen
das ich auf „Jennifer's" Spuren wandel, da Sie nun von
uns so weit entfernt

Des Abends besuchte ich ein einheimisches Lokal
und war überrascht über eine „Prominentenwand"
bekannte Künstler, Darsteller in großer Anzahl
die da waren auf Photos abgebildet und recht bekannt

Doch ein Bild von „Jennifer" suchte ich vergebens
vielleicht das Sie hier hatte auch nicht verkehrt
dafür ist Sie in meinem Herzen, die Liebe meines Lebens
die so genannten Prominenten sind hier kaum der Rede wert

Und doch, die Münchener „Schikaria" „Jenny" liebte
jenes Vergnügen
das Feiern, die Lust am Tanzen, sich in den Armen zu
liegen
dem Alkohol nicht abgeneigt, zu trinken in vollen Zügen
Warum auch nicht, ich wende mich nicht ab, werde sie
dennoch lieben

Böse Zungen behaupten, dass es immer so gewesen sei
dem trete ich entgegen, wenn die Neunmalklugen reden
geistigen Müll
werde den Stab nicht über „Jennifer" brechen, ich stehe
zu Ihr, stehe Ihr bei
Sie ist und war eine selbstbewusste Frau und kann tun
und lassen was Sie will

Überhaupt wurde viel über „Jennifer's" Tod in den Me-
dien geschrieben
Ich weise die Selbstmordtheorien radikal zurück
Sie war immer ein lebensbejahender Mensch gewesen,
doch das wurde verschwiegen
Unvorhersehbare Umstände trugen dazu bei zu jenem
Unglück

Im Dirndl, nett anzusehen, „Resi" möchte ich sie nennen
Sie brachte mir einen bayrischen Wurstsalat, den ich
hatte bestellt
und ein großes Bier, hatte ein durstiges Brennen
sitze für mich allein, nur „Jennifer's" Portrait das sich
hinzu gesellt

Lasse den Tag an mir noch mal vorüber gleiten
bin in Gedanken an den Stätten, die ich hatte ausgesucht
werde diese Erlebnisse zu einer Erzählung aufarbeiten
was nachzulesen wird sein in einem neuen Buch

Das Essen war gut, ganz nach meinem Geschmack
ich liebe die urgemütliche bayrische Art der Gemütlich-
keit
leise folkloristische Musik, kein Getöse wie im „English Pub"
in meinem Denken lächelst „Du" mir zu, als wären wir
zu zweit

Zu meinem Hotel ist es nicht mehr so weit
keine Metro, geh´ zu Fuß, macht sich nach dem Essen gut
Es ist ein milder Abend, nehme mir die Zeit
schlendere gemütlich daher, wie wohl das tut

Angekommen in meinem Hotel, nehm´ ich noch einen
Drink an der Bar
Eine attraktive Blondine überschlägt aufreizend ihre Beine
Tolles Weib, denke ich, ihr langes blondes Haar
eine Sünde wert, so eine Frau bleibt nicht lange alleine

Doch ich kam nicht her um mich zu amüsieren
ist wohl besser ich zieh mich auf´s Zimmer zurück
andere Männer mit ihren Blicken schon nach ihren
Schenkeln gieren
aber ich erliege nicht ihrem verführerischen Blick

Außerdem trag ich „Jennifer´s" Bild an meiner Tasche
was Sie wohl würde dazu sagen
Sicher, das Weib hat eine gewisse Klasse
nach mehreren Drinks wären wir vielleicht bereit uns zu
paaren

Da plötzlich stand sie hinter mir, die Dame von heute
Morgen
ja man sieht sich immer zweimal im Leben
Nun krieg´ ich was zu hören, mache mir ein wenig Sorgen
Doch mitgefangen, mitgehangen, so ist das eben

„Ah, da san´s jo wieder
Gell, dis wor heuer an scheener Tag g´wen
i hop mir des Deutsche Museum ang´sehn, mei Lärber
aber sie san jo a „Jennifer Nitsch" Fan"

„Na, erzählens, san sie der Spur von der „Nitsch" gefolgt?
ach, i winsch mir tät man arch so verehren

i bin holt ledig, mich hot bis jetzt kaner hob´n gwollt
Bin a oltes Weib so sann´s die Schöpfung der Herren"

„Na, jetzt schaun´s sehn´s dos Weibsbild on der Bar
wie die sich aufpeppt hot, mit Schminken und Puder
so wie derra ausschaat, is doch klar
die surcht orn Kerl of Nacht, dees Luder"

„Na, wos is, sie sogen ja gornix
Ach, sie san müd vom vielen Laafen
Stimmts sie san arch net mehr der jüngste, siehg´st
Jo, wenn man älter ward megst gehen eher schlafen"

Ein bisschen schrullig, kam sie mir schon vor
Doch irgendwie ist sie recht nett
Lass sie erzählen, ich lieh ihr mein Ohr
und sicher hat sie ihr Herz auf dem rechten Fleck

In der Tat, mir wurden die Füße müd´
wollte auf mein Zimmer um zu schreiben
an dieser Erzählung was mir am Herzen liegt
Eine Zusammenfassung des Tages in wenigen Zeilen

Auf meinem Zimmer das Fenster noch geöffnet war
der Raum war angenehm gekühlt
im Bad, mein Spiegelbild ich sah
sah mitgenommen aus, war mächtig aufgewühlt

Noch spät in der Nacht, Licht auf meinem Zimmer
legte ich mir Stift und Papier zurecht
denn ich kann zu jeder Stund´ dichten, fast immer

Ich finde das „Jennifer" gegenüber, da ich Sie liebe, mehr als gerecht

Noch ein Blick aus dem Fenster, München bei Nacht ein Lichtermeer
es schaut aus wie beleuchtete Schiffe, die da liegen im Hafen
stelle mir vor wie das jetzt dort „oben" wär
ob die Engel im Himmel jetzt wohl auch schlafen?

Ja, mein Engel, nun bist Du wohl im Münchener Himmel dort oben
und schaust vielleicht doch herunter auf diesen Lichterglanz
während ich diese Geschichte nun niederschreib´ auf einen Papierbogen
darfst mir dabei gern über die Schulter schauen weil Du es als Engel eben kannst

Lege mich aber bald zur Ruh´ und möchte träumen von „Dir"
gebe Deinem kleinen Bild noch einen zärtlichen Kuss
streichel liebevoll Dein Portrait was da steht neben mir
Dich vor dem schlafen zu küssen ist mir immer ein süßer Genuss

Morgen ist ein neuer Tag, schön soll es werden
und wenn die Sonne lacht und wärmt, dann pulsiert mein Herz mit mächtigen Schlägen
Dann spür´ ich das „Du" bei mir bist, hier auf Erden
Denn „Du" begleitest mich unsichtbar auf all meinen Wegen

München, Du Stadt, in der meine Liebe hat gelebt
Dort wo Sie gewohnt, wo Sie Ihr Leben gab hin
Ich komme wieder und geh´ den gleichen Weg
Im nächsten Jahr wenn ich in Gedenken an „Jennifer
Nitsch" wieder in München bin

„STREITGESPRÄCH VOR IHREM SCHWABINGER HAUS"

Prolog

Am liebsten zieh' ich allein durch die Münchener Metropole
und hänge meinen Gedanken nach
doch recht interessant könnte es sein wenn ich einen Gesprächspartner dazu hole
und ein Dialog wie von selbst sich entfacht

Vor dem Haus sind wir zwei gestanden
und es bedrückte mich an diesem Ort zu stehen
dennoch, es ist schön, dass wir uns hier eingefunden haben
zu einem Wortgefecht, drum sei es hier kurz wiedergegeben

Hier in diesem Haus, dort oben im vierten Stock
dort hat „Sie" gewohnt und gelebt
mir wird fast schwindelig sehe ich diese steile Häuserwand
und als man „Sie" fand, tot liegend auf diesem Gehweg"

„Jedes Jahr kommst Du zu diesem Ort des Schreckens
obwohl Du weißt wie sehr es Dich schmerzt
warum tust Du Dir dies an
Du wirst noch mal sterben, aber am gebrochenem Herz"

„Was weißt Du schon von meinen Gefühlen
hast Du jemals einen Menschen geliebt?
Ja, ich weiß, ich lebe in einer anderen Welt

das ist auch der Grund weshalb es mich immer wieder
hier herzieht"

„Hier bin ich Ihr nah, wenigstens im Geiste
und schreite den Bürgersteig auf und ab
hier hat meine Liebste auch Ihre Füße gesetzt
hier ging Sie ein und aus, Tag für Tag"

„Was würdest Du denn tun, käme Sie Dir jetzt entgegen
stillschweigend würdest Du Sie nur betrachten
auch würdest Du Ihr sicher nicht einmal gefallen
weil ich glaube, Sie würde Dich wohl kaum beachten"

„Vielen Dank, Du baust mich richtig auf
und Du willst mein Freund sein?
Kannst Du Dich nicht in meine Lage versetzen
aber sei's drum, ich werde es Dir dennoch verzeih'n"

„Nun spiel nicht gleich den Beleidigten, Du anders Den-
kender
Sie würde Dich noch nicht einmal mit dem Hintern
ansehen
Du könntest Ihr nicht einmal das Wasser reichen
merkst Du gar nicht das die Hausbewohner schon über
Dich reden"

„Was bist Du bloß für ein Mensch
vielleicht das Sie mich hätt' als Verehrer akzeptiert
was gehen mich die fremden Leute an
lass Sie hinter meinem Rücken doch lästern, was mich gar
nicht tangiert"

„Weißt Du, dass die wahre Liebe über den Tod hinaus-
geht
es ist eben eine platonische Liebe die ich in meinem Her-
zen trage
das ist auch der Grund weshalb ich in Gedichten schreibe
weshalb ich in meinen Texten so wehmütig verzage"

„Die treibende Kraft auf dieser Welt ist und bleibt die
ewige Liebe
auch wenn es Dir nicht einleuchtet und missfällt
ich glaube fest daran das Sie mich wahrnimmt
dort oben wo Sie jetzt ist, unter dem Himmelszelt"

„Du schätzt den Glauben mehr als die wissenschaftliche
Erkenntnis
nichtigen Humbug ziehst Du der Gewissheit vor
Glaubst Du wirklich das Sie ein Engel ist geworden
Du bist und bleibst in meinen Augen ein närrischer Tor"

„Ah sieh an, da spricht Herr „Einstein" aus Dir
Du Neun mal kluger Mensch, der Du bist
Gewiss mir kommen auch hin und wieder Zweifel
aber eins weiß ich, dass „Sie" in meinem Herzen ist"

„Ich fühle es deutlich wenn ich schreibe
wenn ich meine Gefühle in Worten wiedergebe
das bin nicht mehr ich, der da dichtet
da mischt noch mit eine andere Seele"

„Dann lass doch mal hören
was der liebe Gott und Dein Engel zu Dir spricht

wenn es wirklich so ist wie Du sagst
dann nehme ich Dich jetzt in die Pflicht"

„Du sollst Deinen „Herrn" nicht versuchen
so steht es schon in der Heiligen Schrift geschrieben
aber ein kleines Gedicht will ich Dir aufsagen
damit Du verstehst, was es bedeutet wirklich zu lieben"

Gedicht

Oh Du mein Engel, mein himmlisches Glück
Ich liebe und schwärme wenn ich Dein Bildnis sehe
Es ist Deine anziehende Erscheinung die mich
so entzückt
Oh „Jennifer" Du inspirierst mich, Du meine
poetische Seele

Ich lächel und weine zugleich
Doch nur in meinen Gedichten kann ich Dir
nah sein
Nach außen hin wirke ich arm, doch in
meinem inneren bin ich reich
weil „Du" in meinem Herzen eingezogen bist,
insgeheim

Es ist nun mal so wie es ist
mein Engel, mein Alles, mein Ich
weil „Du" nun mal meine einzige Liebe bist
Du herrliche Frau, ich liebe Dich

„Meine Güte, Dich hat es aber erwischt
pass auf, dass Du daran nicht zerbrichst
Du lebst in einer Traumwelt Deinesgleichen
und schreibst Gedichte an einen Engel, aber zurück
kommt nichts"

„Der Tod kommt allemal viel zu früh
alles was wir lieben muss vergehen
jedes Jahr gedenke ich hier mit gesenktem Haupt
Drum werde ich an dieser Stelle diese Blume niederlegen"

„Und es werden noch viele Blumen dazukommen
sei es hier, oder doch fern an Ihrem Grab
muss meine Tränen im Zaume halten
da ich es deutlich vor mir seh´, wie „Sie" dort tot nieder lag"

„Es ist eine Todessehnsucht die mich umgibt
denn ich lebe gar nicht mehr so gerne
ich möchte in die Herrlichkeit des Himmels schauen
Mit „Ihr" zusammen, ach wenn es doch so wäre"

„An manschen Abenden steh´ ich noch hier
und seh zu Ihrem Wohnungsfenster hinauf
ich verspür eine undefinierbare Angst in diesem Moment
und glaube das mich erfasst jener Todeshauch"

„Spürst Du denn nicht den Wind, dass „Sie" geht am
Haus vorbei?
Wollte Sie doch immer ein himmlisches Element sein
Ich fühle es recht deutlich hier in meiner Brust
Da ist irgendetwas, ich bilde mir das nicht ein"

„Es ist jener leichte Wind der durch mein lichtes Haar gleitet
und dann glaube ich dass „Sie" es ist und mich zärtlich berührt
verstehst Du was ich damit sagen will
Sie betrachtet unsichtbar meine Blume und ist sehr gerührt"

„Und dann wünsche ich mir den ewigen Schlaf
wie diese Blume möchte ich an Ihrer Schulter ruh´n
am liebsten von heut auf Morgen
denn der Tod befreit mich von meinem Kummer, kann mir nichts antun"

„Du bist und bleibst ein unverbesserlicher Romantiker
Dichtest über die Liebe, träumst von Engeln die da spielen ihre Harfen
und Du grübelst und vergräbst Dich in Todessehnsucht
Komm zu Dir, den langen Schlaf der Dich vom Kummer erlöst,
den kannst Du immer noch schlafen"

„Dein Herz ist schwer und Dein Kopf voller Nebel
Du neigst zur Schwermut, mein guter alter Freund
Wach auf, Du unbekannter kleiner Möchtegern-Dichter
Komm zurück in die Realität, Du hast genug geträumt"

„Du bist ein Einzelgänger geworden, fast menschenscheu
Du liebst gute Musik und die Dichtkunst
Du gehst den anderen Frauen aus dem Weg
und suchst nicht mehr deren Gunst"

„Was Du nicht sagst Du kluger Kopf
Ja, bin nun mal ein Mensch der in sich geht, so bin nun
mal ich
vielleicht das ich schweigsam bin und unzugänglich
Aber misantrophisch wie Du glaubst, bin ich nicht"

„Gewiss, ich ziehe mich gern zurück und schreibe Gedichte
und trage dann, wie die Bauern, die Ernte in die
Scheune
ich halte jene Gedanken fest, für mich und Gleichge-
sinnten
Denn ich schreibe nicht für die Massen um zu verteilen
dann jene Perlen unter die Säue"

„Die treibende Kraft auf der Welt ist und bleibt die Liebe
Nein, mein Freund bitte unterbrich mich nicht
denn was ist Liebe, sie ist das Tor des Lebens
Ich werde meiner Liebe begegnen, nicht heute oder Mor-
gen, aber irgendwann sicherlich"

„Wenn ich an meine Liebe denke, wird sie mir zum
Schmerz
und denk ich an den Schmerz, ward er mir zur Liebe
vielleicht ist es das meinige Schicksal nur davon zu träu-
men
das ich in Ihren Armen liege"

„Ich merke schon wohin das führt
der Poet schreibt, aber sein Herz das weint
wenn Du auf dieser Art glücklich bist
so Gott will, ich hab es nicht so bös' gemeint"

„Ist schon recht, stimmt ja auch irgendwie
das man nicht immer herumtragen kann sein Leid
Das Leben ist zu kurz, wir sind nur Gast in dieser
Welt
Es gibt noch so viel zu tun und wir haben so wenig Zeit"

„Wenn Du jetzt schon gehen willst, dann geh ruhig
ich halt Dich nicht, brauchst nicht bei mir zu bleiben
muss mit meinen Gedanken allein sein
möchte im stillem Gedenken, noch ein wenig verweilen"

Monolog

Er ist fort, nun kann er mich nicht hören
aber „Du" dort oben, Du kannst es
lass ihn nur reden, er kann mich nicht zürnen
Er ist eben ein Realist und kein verträumter Poet und
hält daran fest

„Du" siehst auf mich von dort oben hernieder
und der Wind trägt Deine Gedanken zu mir
ich spüre Deine Anwesenheit immer wieder
bin glücklich das zu empfinden und danke dem lieben
Gott dafür

Du bist auf Erden schon ein Engel gewesen
und niemand von uns hat es je bemerkt
Deine ruhige Art, still in sich gehend und belesen
ich mag wie Du Dich gibst, und habe Dich stets ver-
ehrt

Die „Anderen", Deine Freunde waren oft im Leben mit
Dir zusammen
Doch nun habe ich Dich für mich ganz allein
brauche nur still auszusprechen Deinen Namen
und wenn es Dir genehm ist wirst Du in meinem Herzen
bei mir sein

Hier stehe ich und gedenke Dir, Du Geliebte mein
an diesem Ort was Dein zu Hause war auf Erden
es ist diese kleine Blume die hier niederliegt und die ich
bewein
sie soll an Dich erinnern und Dein Geist soll durch sie
lebendig werden
    Oh Jennifer,
      Oh Jennifer

„Was ist, wo bleibst Du denn
wie lange willst Du hier noch in Dich gehen
führst Du Selbstgespräche? Gib es zu
ich hab es doch vernommen, Du warst mit Dir selbst am
reden"

„Komm ich habe Durst auf ein Bier, oder zwei
lass uns ins „Hofbräuhaus" gehen
das bringt Dich auf andere Gedanken
glaub mir, wirst schon sehen"

Ach im Grunde ist er ja ein netter Kerl
wenn wir auch nicht immer der gleichen Meinung sind
er ist zwar sehr direkt meint es aber gut mit mir
auch wenn er mich behandelt wie ein kleines Kind

Vielleicht bin ich es ja auch, auf meine Art
weil ich Gedichte schreibe die jedoch nicht mehr gelesen
Gelesen von der Frau die ich so liebe
aber wer weiß, Engel haben empathische Gefühle und Sie
ist ja nun ein himmlisches Wesen

„Ja, ich komm ja schon, der Quälgeist
Nun gib endlich Ruh´
das nächste Mal bleibe ich für mich lieber allein
Ja, geh nur, ich folge Dir, lauf nur zu"

Da geht er hin, mein Freund und Besserwisser
vielleicht das er Recht hat, mit dem was er sagt, was
dann
muss aus dem Grübeln heraus, positiv denken
denn mein Leben fängt ja nicht erst heute an

Noch ein letzter Blick auf die Blume
ob sie Morgen auch noch dort wird liegen
oder sie unwillkürlich von unbedachten Menschen mit
Füßen getreten
ja sogar mitgenommen wurde von kleinen Dieben

Hörst Du mich mein Engel dort oben
und auch ihr Mitbewohner in diesem Haus
wie jedes Jahr, so kehre ich wieder, wundert euch nicht
lege eine neue Blume nieder, dann wenn ihr schaut aus
euren Fenstern heraus

Ich weiß, ihr belächelt mich, stillschweigend
Mir soll es recht sein, sei es drum

bei Wind und Wetter lauf ich hier auf und ab
Denn was hart macht bringt mich nicht um

Und wenn ich jetzt fort von hier geh´
so dreh´ ich mich noch einmal um mit einem wehmuts-
vollem Blick
dann atme ich noch mal tief durch und weine
denn ein Teil von „Jennifer" bleibt hier stets zurück

„Ja, ich komm ja schon
*   brauchst nicht zu drängeln*
*   ich folge Dir, Du mein Freund*
*   der Du bist*
*   ich komm, ich komm"*

„BRIEF EINES UNGLÜCKLICHEN"

Mein guter lieber alter Freund, von meiner Lage
willst Du wissen
ach, ich durchleide Gefühle der Wehmut
Es vergeht kaum ein Tag, da ich „Sie" werde immer vermissen
Ganz zu schweigen von meiner ständigen Tränenflut

Welche Sehnsucht mit Tränen nach Ihr
Welch Schicksal in das ich mich füge
Woher kommt dieser süße Schmerz den ich oftmals verspür
Es sind halt Tränen meiner ewigen Liebe

Des Abends sieht es finster aus in mir
diese endlosen trüben Stunden
„Ihr" Bildnis mich ansieht, was ich liebevoll berühr´
ich fühle mich meiner Liebe eng verbunden

Und wenn ich des Abends schlafen geh´
hoffe ich am Morgen nicht mehr zu erwachen
im Traum mir begegnet „Jennifer" als gute Fee
Du siehst was meine Träume in mir entfachen

Ich wünschte auch, Sie würde mir als Engel erscheinen
und mich in Ihre Arme nehmen
und die ganze Nacht bei mir bleiben
doch nur in meinen Träumen kann ich mit Ihr leben

Ach mein Freund, Dir kann ich es ja sagen
„Sie" hat mich in meinem süßen Traum verführt

liebevoll hat „Sie" mir geflüstert ins Ohr meinen Namen
und mich zärtlich berührt, ich habe es im Schlaf gespürt

Dieser Traum, er dürfte niemals enden
kein Weg führt aus dieser Nacht
gestreichelt hab´ ich „Sie" mit meinen Händen
und nicht an den nächsten Morgen gedacht

Ich wache jeden Morgen mit „Ihr" auf
und schlafe in der Nacht mit „Ihr" ein
„Sie" bestimmt auch meinen Tagesablauf
entschuldige meine Offenheit, Du mögest es mir bitte
verzeih´n

Ihr Bildnis habe ich den ganzen Sommer mit mir rumge-
tragen
Ach was ist Liebe ohne „Sie" zu vermissen
Es ist mir einerlei was die Leut´ über mich denken und
sagen
Ich liebe es, Ihr Angesicht des Abends in den Schlaf zu
küssen

Ach könntest Du in mein Inneres sehen
als „Sie" starb ist auch ein Teil von mir gestorben
Ich mag nur mit Dir darüber reden
weil ich glaube Du verstehst meine Sorgen

Du selbst bist verheiratet, hast Kind und Kegel
und ich beneide Dich um Dein Glück
ich habe nur in meiner Traumwelt mein Mädel
und das ist es was mich so manchmal niederdrückt

Nein, nein ich will mich nicht an Deiner Schulter aus-
weinen
Durch diesen Brief erfährst Du meine jetzige seelische
Disharmonie
Auch wenn meine Worte depressiv wirken zwischen den
Zeilen
Sei beruhigt, es ist nur ein leichter Anfall von Melancholie

Damals in München im „Englischen Garten" war ich
verblieben
Dort hatte ich meine Gedichte notiert und gesichtet
Ich lag im Gras, habe Liebesverse geschrieben
und die Vöglein in den Bäumen hatten mit mir gedich-
tet

Liegend im Gras sah ich den vorbeiziehenden Wolken nach
und hörte das Murmeln eines Baches ganz in meiner Näh´
Mir vorzustellen das meine Liebe im Himmel nun ist, oh
göttliche Macht
daran denke ich, wenn ich mit meinem Blick in die
Wolken seh´

Wie „Beethoven" in der Natur, so kam ich mir vor
als jener damals schrieb die „Szene am Bach" aus der
Pastoralsinfonie
Nun ist es der Dichter in mir, ich hoffnungsloser Tor
der da war in seine Lyrik vertieft und die Vöglein sangen
dazu eine Liebesmelodie

„Beethoven?", sprach ich von „Beethoven" soeben
Höre zur Zeit seine Musik die mich begeistert

obwohl er komponierte, konnte er keinen Naturlaut
verstehen
seine Kunst erhielt ihn am Leben, und er hat es gemeistert

Was für eine musikalische Kraft steht im Finale seiner
A.-Dur-Sinfonie
Alles stimmt, keine Note die überflüssig ist
Ein dämonischer Tanz der sich abspielt in meiner Phantasie
Ja mein Freund, es ist auch die Muse die mich küsst

Obwohl vom Schicksal seiner Taubheit so tief getroffen
musste dieser Mann leben mit seinem Schmerz
Ärzte gaben ihm jede Art von Medizin, es ließ ihn hoffen
Doch vergeblich, und bei mir ist es das gebrochene Herz

Ich weiß, wenn Du diese Zeilen liest
wirst Du Dir ein Lächeln wohl nicht verkneifen können
glaub mir, es ist das gleiche Blut das durch meine Adern fließt
was mich inspiriert zu solchen Texten, doch solltest Du
mich besser kennen

Überhaupt verbinde ich meine Liebe mit schöner Musik
wie „Schubert" singe ich, „meine Ruh' ist hin, mein Herz
ist schwer"
Doch fürchte ich dann jenen Augenblick
wo mir bewusst wird, „Deine Liebe, es gibt sie nicht mehr"

Ach mein Freund, es gibt kein Glück für mich auf Erden
ich muss mir alles selbst erschaffen in meinem Denken
ich seh' den Wolken nach wie sie weiterzieh'n und sich
entfernen

nur wenn ich „Ihr" im Geiste recht nah bin, beginnen die
Wolken sich zu senken

Von meiner Lage willst Du wissen
Von meiner Liebe möchte ich Dir schreiben und berichten
Nur in meinen Träumen darf ich mein Liebstes küssen
denn ich lebe ja nur in meinen träumerischen Gedichten

Es gibt keinen Tag an dem ich nicht an „Sie" denke
Nie eine Andere kann mein Herz besitzen, Nie, Nie!
Es gibt keine andere Frau an der ich mein Herz ver-
schenke
da ich es ja schon längst vergeben habe an „meiner Jenny"

Diese Liebe macht mich zum Glücklichsten und zum
Unglücklichsten zugleich
wie oft habe ich schon den lieben Herrn Gott deswegen
verflucht
Das er sich holt mein Liebstes in sein Himmelreich
war doch Jennifers „letzte Reise" noch gar nicht gebucht

Doch es heißt, Du sollst deinen Herrn nicht versuchen
Du stehst unserem Herrn Gott wohl näher als ich
Verzeih mir, ich werde nicht mehr über Deinen Gott fluchen
Doch das er „Jenny" so früh zu sich nahm, nachvollziehen
kann ich es nicht

Warum merkt man erst so spät wie nah man einem Men-
schen ist
Warum spüre ich erst jetzt meine Zuneigung die ich für
„Sie" empfinde

Warum hab ich zu Lebzeiten Ihre Lippen nicht geküsst
Warum ist so lieb geworden mir Ihre unverkennbare
Stimme

Ach, ich seh´ den verlorenen Glanz noch in Ihren Augen
Sie ist so schön wenn Sie traurig blickt
Sie ist die einzigste unter all den Frauen
Von deren Charme ich bin so entzückt

Sie ist wie elegische Musik, Sie gleicht einer romantischen
Sinfonie
ich schwelge in Liebeswahn, „Du süße Melodie" mein
Puls schlägt zu Ihrem Takt
Ihr ganzes Wesen umgibt mich, das spüre ich irgendwie
was hat „Sie" nur getan, dass Sie mein Herz erobert hat

Ich lebe mit Ihrer Seele und Ihre Seele lebt in mir
Du wirst es wohl nicht verstehen, mein alter Freund
Es ist Ihr unsichtbarer Geist den ich innerlich spür
Und wenn ich selig bin, leuchtet es aus meinem Herzen
als wenn die Sonne in mir scheint

Es bleibt nur der Weg an Ihr seliges Grab
mit Blumen bringe ich meiner Liebe den Frühling
ganz versunken im Stillen ich Ihr meinen Liebeskummer klag
Sie war und ist mein ganz besonderer Liebling

Ich weiß, Du denkst ich sollte mehr unter Menschen geh´n
doch wer gibt sich schon ab mit einem melancholischen
Dichter

Nein, sie sollen ruhig bleiben bei ihresgleichen und weiter
über mich klön
Mein Gesicht gehört nicht unter fröhliche Gesichter

Sie zerreißen sich das Maul über mich
das dumme Geschwätz würde füllen ganze Bände
ich würde lieber heute als Morgen sterben, so bin nun
mal ich
Die Komödie in der ich mitspiel, sie hat ja wohl bald ein
tragisches Ende

Denn böse Ahnungen verfolgen mich
wie ein Blitz aus einer dunklen Gewitterwolke
Zeig Deine Gewalt, Du Schicksal, was da über mich
herein bricht
Vielleicht ist es auch Gottes Wille, so wie er es auch bei
„Jenny" wollte

Drum eile ich gern dem Tod entgegen, er jagt mir keine
Schrecken ein
Vielleicht liegt er nicht mehr in so weiter Ferne
das ich so empfinde, Du mögest mir verzeih´n
Es ist nur so ein Gefühl in mir das ich bald sterben
werde

Siehst Du, jetzt holt sie mich wieder ein, die Melancholie
Es ist auch Ihr Andenken was mich so weinend und
traurig macht
Vergessen das kann ich nicht, nimmer und nie
und vor dem Schlafengehen, küsse ich Ihr Portrait bis
spät in die Nacht

Ich bin vernarrt in Ihre Art und Ihr Wesen
Angetan wie Sie lacht und wie Sie spricht
Du kannst es wohl nicht verstehen, wenn Du diese Zeilen
wirst lesen
ich bin hingebungsvoll verliebt in Ihr trauriges Gesicht

Sie ist meine weit entfernte Geliebte dort „Oben"
es klingt unglaublich, so unfassbar wie das Licht
Auch wenn Sie jetzt bei den Engeln im Himmel wird
wohnen
werde ich Sie huldigen in jedem weiteren Gedicht

Ihr Tod hat mich bis auf meine innerste Seele berührt
Sie ist für mich ein unersetzlicher schmerzlicher Verlust
Es ist als wenn man einen Dolch in seinem Herzen spürt
Ihre Gestalt bewegt sich in meinem Bewusstsein wie ein
gehauchter Kuss

Danke, dass Du mir Deine Aufmerksamkeit hast ge-
schenkt beim Lesen dieser Zeilen
Drücke Du Deine liebe Frau und Deine Kinder in
meinem Namen an Dein Herz
Ich will nicht mehr so viel grübeln und leiden
Musste mich halt mal aussprechen, ach wenn Du doch
jetzt bei mir wärst

Diesem Brief lässt sich nichts weiter anvertrauen
Erhalte mir Deine Freundschaft, was mich angenehm
berührt
Man braucht eben einen Menschen der einem hilft sich
neu aufzubauen

war ich Dir gegenüber zu offen, dass es mich fast geniert

Ich bin von tiefer Wehmut ergriffen
Du kannst diesen Brief auch mit Stillschweigen beant-
worten
Außer Dir braucht das Niemand zu wissen
Du weißt welche Spezies ich meine, die über mich herzie-
hen diese Nichtsversteher und Konsorten

So nehme ich denn nun Abschied und schließe meinen Brief
Ich meine den Abschied mit Worten von Dir
Es muss ja weitergehen im Leben, wird schon laufen schief
Mein guter Freund, ich danke Dir dafür

Dank, dass Du mir zugehört hast
Dank von einem Menschen der viel zu viel träumt
Hoffentlich fällt Dir mein Gemüt nicht zur Last
Leb wohl,
    und bleibe mir gut
      Dein Dichterfreund

„Mozart in München"
(Nicht so Ernst!)

Klingt der Name „Mozart" nicht schon wie Musik
sie ist so rein, so lieblich, anmutsvoll und hell
Was „Einstein" hat durchdacht für die Physik
das gilt auch für Mozart, der Melodien geschaffen die da
werden ewig sein universell

Ich laufe durch die Straßen der bayrischen Hauptstadt
und durchdenke mir Verse wie es tat der Dichter „Heine"
mache mir Vermerke auf meinem mitgeführten Skizzenblatt
und denke stets dabei nur an die „Eine"

Ein Bild, ein Spring ins Glück, dass Dich als Kind darstellt
so lebenslustig, lebensbejahend wie wir es uns wünschen
Dropsfidel, rumtobend und dabei auf den eigenen Po fällt
Ach, „Jenny", ich fühle mich wie „Mozart" in München

Denn wenn ich wandel´ auf den Deinigen Spuren
begleitet mich gute Musik in den meinigen Ohren
dann gibt es für mich keine weltlichen Uhren
Mich tröstet „Mozart´s" Musik und ich fühl mich nicht so
verloren

„Jennifer", Du bist für mich wie Musik, so seelenvoll
Musik wie wir Romantiker es uns wünschen
Wenn „Du" lachst in Dur, oder weinst in Moll
So empfinde ich es, wie einst „Mozart" in München

„Morzarteln" möchte ich mir Dir
Dich busseln und vernaschen wie eine Mozartkugel
Manchmal bricht heraus der Schelm in mir
lach nur, bin halt eine Ulknudel

Ich bin so gern in dieser Stadt, der bayrischen Metropole
weil ich weiß, dass „Du" Deine Füße hast hier gesetzt
trag Dein Gesicht auf meinem T-Shirt, gibt was her,
nicht ganz ohne
ich tue es für Dich, für uns, was schert mich anderer
Leute Geschwätz

Es macht mich stolz, wenn man erkennt Dein Gesicht
dass man an „Dich" sich wird wohl erinnern
kämpferisch wie ein Ritter der seine Lanze für seine Lieb-
ste bricht
und des Nachts schreibe ich Gedichte, bis die Augen an-
fangen mir zu flimmern

Ja, ihr Leut´ wundert euch nur über mich
ich sehe wohl wie ihr die Nase seid am rümpfen
und ich gebe es euch gerne schriftlich
denn ich lebe auf, wie damals Mozart in München

Es klingt, es singt, es rumst und paukt in mir
Sinfonien die da klingen, es lässt sich nicht verhindern
und wenn mich der Schalk packt, vergess´ ich jene Manier
denn manchmal entweicht mir auch ein Ton aus meinem Hintern

Ja, lach nur
Heute möchte ich mich nicht nur traurig geben

weiß ich doch das „Du" liebst auch den urigen Humor
Es gab nicht nur Schattenseiten in Deinem Leben
„Du" konntest auch herrlich lachen, in vielen Portraits
tritt dies auch deutlich hervor

Ich liebe die Musik, die Liebe und das Leben
und „Du" gingst auf Deiner Schauspielkunst und Unab-
hängigkeit
gabst Dich nach außen hin lebensfroh, als würde Dir an
nichts fehlen
Doch weiß ich, „Du" suchtest auch nach Liebe und Ge-
borgenheit

Ich liebe Dich, ach könntest Du einen Seufzer für mich
empfinden
oder ein Lächeln, ein zärtlicher Blick, das würde ich mir
wünschen
Doch mach ich mir nichts vor, Du lässt Dich nicht bin-
den
Verliebt bin ich, wie einst „Mozart" damals in München

Tanzen möcht´ ich, springen und mich im Kreise dreh´n
Jedem ruf ich es zu, ja ich bin verliebt
Nichts kann mich halten, hebe ab in luftige Höh´n
Mal himmelhochjauzend und doch zu Tode betrübt

Denn was mich so nachdenklich stimmt
als gäbe es einen abgesprochenen Komplott
das „Mozart" und Du viel zu früh zu Tode gekommen
sind
das lässt mich zweifeln an einen gerechten Gott

Oh „Jennifer", oh „Jennifer"
Du Frau, Du Herrliche, Du meine Inspiration
Du bist so schön wie „Mozart´s" herrliche „Prager-Sinfonie"
Du bist der Takt in meinem Herzen und triffst immer
den richtigen Ton
Du bist und bleibst meine liebste hingebungsvollste Melodie

Oh „Mozart", unsterblicher „Mozart" nur 35 Jahre alt
bist Du geworden
aber Deine Musik lebt heute noch in uns
sie klingt nach wie vor himmlisch, so rein und unverdorben
Begnadigt seiest Du, du liebe, du holde Kunst

Heut zu Tage sieht man junge Menschen Musik ins Ohr
sich stöpseln
„tsching tsching, tsching bum, tsching tsching!"
Es steht mir nicht zu darüber zu frösteln
Aber es erschreckt mich ungemein, wie stumpfsinnig und
oberflächlich es klingt, das ist nicht mein Ding

Welche Musik hast „Du" wohl gern gehört
Wohl denke ich da an eine Mischung von Schlager und
Moderne
Ich teile Deinen Geschmack, es hätt´ mich nicht gestört
denn mit Dir zusammen höre ich auch Deine Musik
recht gerne

Doch wenn ich es recht bedenke und überlege
konntest „Du" Dich sicher auch gut zur Musik bewegen
Bin nicht mehr der jüngste, dass ich mich schon zu den
Alten zähle

Bin auch kein „Gene Kelly" der da im Film tanzt mitten
im Regen

Aber mein Herz ist jung geblieben
und ich fühle Schmetterlinge in meinem Bauch
denn ich habe nie aufgehört „Dich" zu lieben
und selbst in meinen Träumen durchlebe ich es auch

In dieser, in Deiner Stadt, liebe „Jennifer"
haben große Dichter und Denker gewirkt
ja, gewiss, es ist schon lang her
doch der Ruhm bleibt besteh'n wie man sagen hört

„Heine" schrieb hier seine Reisebilder und Gedichte
„Mahler's" gigantische Achte Sinfonie wurde hier urauf-
geführt
sogar „Albert Einstein" arbeitete hier und schrieb Ge-
schichte
und durchdachte physikalische Formeln, die ich versuchte
zu begreifen, bin dennoch verwirrt

Doch reizt es mich die physikalischen Gesetze aufzuzählen
bin fasziniert von der Urgewalt des Atoms
Zusammenhänge entschleiern, zu durchdenken, sie zu
verstehen
Zu erkennen die astronomische Architektur bin auch
beeindruckt
von den hohen Türmen des Münchener Dom's

Ist das alles von „Gott" erschaffen, unsere Welt
wo ist das berühmte „I-Tüpfelchen"

was ist die so genannte unsichtbare Materie, die alles
zusammen hält
fühle mich wie „Einstein" in München

Dieses und andere Dinge beschäftigen mich
das Leben und Treiben der Menschen in der heutigen
Zeit
bin so furchtbar romantisch, so bin nun mal ich
denke gern an vergangene Zeiten um abzulenken von
meinem seelischen Leid

Wo ist die Zeit geblieben, die ich so liebe
„Mozart" ist noch mit der Postkutsche gereist
möchte am liebsten die Zeit zurückdrehen, dass es immer
so bliebe
Doch der technische Fortschritt, der Stress, das Geld ist
der heutige Preis

Ja das Geld, es macht Frauen zu Huren
Männer macht es zu Mördern
darf mich nicht erzürnen, es bringt mich sonst auf Touren
in welcher unruhigen Welt leben wir, mag mich nicht
mehr weiter dazu erörtern

Möchte am liebsten jetzt „Mozart" wieder hören
denn dann spüre ich eine gewisse Zärtlichkeit in meinem
Herzen
„Mozart's" Musik beruhigt mein Gemüt, lass mich durch
nichts stören
doch Kulturunwissende witzeln gern über mich mit un-
angebrachten Scherzen

Aber es ist das Recht der Jugend unvernünftig zu tun
immer mit dem Kopf durch die Wand
lasst sie ruhig gackern wie ein aufgeschrecktes Huhn
stehe über den Dingen wie der berühmte Philosoph
„Emanuel Kant"

Ach „Jennifer", ich führe Zwiegespräche mit mir
ob „Du" mir dabei zuhörst, ich würde es mir wünschen
Dass ich Dich so liebe, verzeih, ich kann doch nichts dafür
bin so verliebt wie „Mozart" in „Konstanze", damals vor
langer Zeit in München

Ja ich weiß, sie lebten zusammen in Wien
aber kennen gelernt haben sich beide im Leben schon
vorher
wie verspielte Kinder neckten sie sich und rutschten auf
ihren Knien
ich wünschte wir täten das gleiche, wie schön das doch
wär´

Ach, wärst „Du" heut´ noch im Leben
bewundert hätt´ ich Dich in den „Münchener Kammer-
spielen"
angereist weitkommend nur für Dich aus Bremen
und ich wär´ nicht der einzigste, sondern einer von vielen

Beneidet hätt´ ich Deinen Schauspielkollegen
der da durfte Dich auf jener Bühne zärtlich küssen
und Du hättest Dich ihm hingebungsvoll hingegeben
ich wünscht´, ich wär´ an seiner Stelle, doch das braucht
niemand zu wissen

Aufgestanden wär ich um Dir kräftig zu applaudieren
um in Deine freudevollen Augen zu blicken
während manche Theaterbesucher sich begeben zu den
Ausgangstüren
bleib ich noch stehen um Dir freundlich zuzuwinken

Schaut nur hin auf diese große Darstellerin
aufgetreten sind schon viele Künstler in diesem Theatersaal
doch es gibt nur „Eine" von der ich wirklich beeindruckt bin
für mich bleibt „Sie" unsterblich, denn eine „Jennifer
Nitsch" die gibt es nur einmal

Drum wandel´ ich gern in München umher
sehr oft im Herbst wenn die Blätter auf dem Bürgersteig
liegen
ich mag diese Stadt mit ihrem unverkennbaren Flair
denn in Gedanken geh´ ich mit „Jennifer" promovieren

Wir wirbeln mit unserem Schuhwerk das Laub auf
„Du" und ich, Arm in Arm, das würde ich mir wünschen
lass die Leut´ sich doch wundern, das nehmen wir in Kauf
uns gehört die Welt, wie damals „Mozart" es empfunden
in München

Ich liebe den Herbst, gerade weil er so stürmisch ist
jener Wind der den Blätterwald bringt zum rauschen
Angekuschelt „Du" mir so nahe bist
und wir uns warme Küsse austauschen

Ich wär so gern Dein „Mozart", und Du meine „Kon-
stanze", meine Braut

ach lass mich doch schwelgen, bin ein wenig verrückt
tanzen möchte ich mit Dir durch das herbstliche Blätter-
laub
Und es rausschreien wie sehr ich Dich liebe, Du mein
ganzes Glück

In meinem Münchener Hotel, auf meinem Zimmer, ist
ein Bild von „Dir" aufgestellt
obwohl ich schlafe allein, bewohnen wir es doch zu zweit
beim Reinigen meiner Stube, es dem Zimmermädchen
wohl auffällt
was sie wird wohl denken über meine angedeutete Zwei-
samkeit

Und es sei hier noch erwähnt was ich gerne tue
das vor dem Schlafengehen ich mit Deinem Bildnis rede,
in meiner kleinen Welt
erst dann leg ich mich des Nachts zur Ruhe
Halt, schnell noch ein kleines Bussel, weil es mir so gefällt

Wie nannte ich es doch gleich, mozarteln und busseln
Doch nur in meinen Träumen darf ich es mir eingesteh'n
und aussprechen
dann umklammere ich mein Kopfkissen um mit Dir zu
kuscheln
Doch nur in meinen Gedanken darf ich Dich lieben in so
vielen einsamen Nächten

Einsam, bin ich es denn, ohne Dich?
Nein, „Du" bist immer da, wie „Mozart's" Sinfonien die
da in mir nachklingen

Denn „Du" lebst in meinen Erzählungen, in jedem
Gedicht
Dein Andenken, Dein Wesen und „Mozart's" Musik
lassen mein Herz vor Freude springen

Komm zu mir Du Seele, schließe mich ein in deinen Geist
Du Holde, Du Liebliche, das würde ich mir so gern
wünschen
„Du" lehnst spürbar an meiner Schulter, was mir Deine
Gegenwart beweist
so wie „Mozart" von göttlicher Musik umgeben als er
damals ward in München

Nachdenkliches Beisammensein mit Herrn Nitsch.

„POETISCHES TAGEBUCH"

Sankt Peter Ording
Sommer 2009, 13. Juni

Wie soll ich beginnen, zu Hause wo ich jetzt wieder bin
führe ab heute ein Tagebuch nur für mich
Es gehen mir so einige Gedanken durch den Sinn
greife zur Feder mit Punkt, Komma und Strich

Wie von selbst die Feder sich bewegt
um die Worte zu setzen auf's Blatt Papier
weiß selbst nicht wie so was entsteht
Muss diese Stimmung niederschreiben, bevor ich sie im Kopf verlier

Und siehe da, die Tinte liegt fest auf dem Blatt
wie braunes getrocknetes Blut
bin von der gestrigen Reise etwas müde und matt
Doch verlangt es in mir nieder zu schreiben mein Gedankengut

Gestern war der 13te Juni wo wir gestanden an Ihrem Grab
Wir, das sind der Peter, Werner und ich
nicht zu vergessen „Jennifer's" Vater den ich so gerne mag
Er hat so eine liebenswerte Art, zurückhaltend aber stets freundlich

Fünf Jahre sind schon wieder ins Land gegangen
seit dem Tod der uns alle so schmerzt
Tief in der Erde liegt der Stein unter kleinen Heckentannen
auf dem nur Ihr Vorname steht, Wehmut in meinem
Herz

„Jenny" las ich, und berührte den Stein mit meiner Hand
sprach aus leise Ihren Namen
andachtsvoll wir alle das Haupt zum Grabstein gewandt
und betrachteten stillschweigend unsere mitgebrachten
Blumengaben

Und ich dachte währenddessen an „Goethe's" wunder-
schönes Gedicht
„Über allen Gipfeln ist Ruh"
Es wirkte auf mich so berührend und tröstlich
„bald wirst ruhen hier auch Du"

Ich wagte diesen Gedanken nicht auszusprechen
weiß ich doch das es dem Vater würde missfallen
denn wie gern würde ich hier auch ruhen, ist es ein gei-
stiges Verbrechen?
wenigstens im Tode Ihr nah zu sein, dachte ich mir von
uns allen

Am liebsten hätt ich den Vater eng an mich gedrückt
da er ja auch ein Teil von „Jennifer" ist
seine traurigen Augen, mit uns zu teilen jenes furchtbare
Unglück
„Jennifer" hat bestimmt von „oben" heruntergesehen, ganz
gewiss

Meine Feder stockt, muss überlegen
Ein Schwarm süßer Erinnerungen mich erfüllt
möchte den Hergang dieser Geschichte in Reihenfolge
wiedergeben
Merkwürdig, der Wind am Grab war nicht stark eher mild

„Jennifer" wollte immer sein wie der Wind
sicherlich ist „Sie" mal eben nur ausgegangen
vielleicht tobt „Sie" herum am Strand, wo wir später
noch sind
Als Sturm, der „Sie" immer sein wollte, was für ein Un-
terfangen

Ach, meine Freunde, ich bin gern mit euch zusammen
doch möchte ich mit „Jennifer" am Grabe allein sein
Nicht das ihr denkt, das ich will euch verbannen
Doch sollt ihr nicht sehen wie ich leide, ihr möget es mir
verzeih´n

Denn wenn ich traurig bin „hört" Jennifer mir zu
leise flüstere ich liebe Worte und berühre zärtlich Ihren
Grabstein
Ach „Jenny" in meiner Welt bist nur „Du"
und es sind meine heißen Tränen die ich um Dich wein

Hier stehen wir alle um Dir zu gedenken
Deine treuesten Gefährten im stillen Beisammen sein
Wir, die wir uns gegenseitig Trost spenden und Dich mit
Blumen beschenken
doch am Ende unseres Lebens bleibt wohl ein jeder von
uns auch allein

Dann stell ich mir vor, ich spüre die Kühle des Grabes
von der ewigen Stille und Leere des Todes
den ewigen Schlummer werde ich tun eines Tages
und unsere Seelen werden auf die Erde herunterschauen
wie das Angesicht des Mondes

Schaut her meine Freunde auf diese Rose hier
sie ist so schön wie keine je zu vor
Das Ihr's nur wisst, ich bin Jenny's Rosenkavalier
und von uns allen Verehrern bin ich wohl der größte Tor

Hey ihr zwei Getreuen, Peter und Werner
wisst ihr noch wo wir gesessen auf der Bank
und wir uns Bilder von Jennifer angesehen haben, wir die
treuesten Verehrer
als da plötzlich aus der Kapelle Orgelmusik nach draußen
erklang

Eine Hochzeitgesellschaft gab sich die Ehre
bildhübsch anzusehen die Braut und all die jungen Damen
ich aber starrte in Richtung Grab ins Leere
und dachte mir, so nah liegen Glück und Leid beisammen

Ein Schelm ich bin und dachte mir so meine Art
Heirate, oder heirate nicht, Du wirst es auf jeden Fall
bereuen
Doch bei „Jennifer" hätt ich „ja" gesagt
Wir alle die „Dich" lieben, Deine Dir so Getreuen

Der Vater unserer „Jenny" ließ es sich nicht nehmen
lud uns in einem Restaurant zum Essen ein

währenddessen in der Kapelle das Brautpaar erhielt
Gottes Segen
machten wir uns auf den Weg beim schönsten Sonnenschein

Das Restaurant direkt am Nordseestrand
im Watt fest verankert stand das Haus
Kinder spielten und kleeten herum im Sand
völlig verdreckt an Händen und Füßen, ei der Daus, sie
sahen richtig lecker aus

Hier war es wohl auch wo Jennifer als Kind gewesen
wo Sie als kleines Mädchen gespielt in den Dünen
In den „Erinnerungen" des Vaters ist es nach zu lesen
doch sind „Ihre" Spuren verweht, nur der kühle Wind ist
geblieben

Das Meer, ja das Meer, das Brechen der Wellen
Der Wind der zum Sturm ward und nicht verstummt
Das Geschrei der Möwen die sich hin zu gesellen
Jennifer, „Du dort oben", wir stehen zu Dir, wie der
berühmte Fels in den Stürmen der Brandung

Träume fliegen im Wind
Sehnsüchte ziehen mich in die Himmelsphäre
Vielleicht das „Jennifer" ahnt wo wir jetzt sind
Ob „Sie" auch an mich denkt, ach wenn es doch so wäre

Halte inne, muss meine Feder kurz niederlegen
denke nach, dass es mich fast geniert
es macht mich jedes Mal ein wenig verlegen
wenn Herr Nitsch das Essen für uns spendiert

Angesprochen von mir, das jenes nicht nötig tue
lehnte er sich zurück und sah mir ins Gesicht
mit ernsten Worten sprach er in andächtiger Ruhe
„Das hat Jenny für uns ausgegeben, genieren Sie sich
nicht"

Auf seine Frage, woher ich meine Gedichte nehme
begann sich mein Herz ein wenig zu freuen
Ich selbst wirke stets abwesend weil ich in mich gehe
denn „ich nehme meine Poesie aus meinen Träumen"

Da saßen wir nun beisammen und ließen es uns schme-
cken
ach wie gern hätt ich „Jennifer" an unsere Tafel herbeige-
sehnt
In Gedanken war Sie bei mir, versuchte mich abzulen-
ken
unsichtbar für alle hat „Jennifer" an meiner Schulter
gelehnt

Aber es war nur ein trügerischer Schein
Es spricht sich so schön, doch es ist unwahr
Ach es war ja nur ein Versuch dem Unmöglichen nah zu
sein
Leichter ist es mit einem Fingerhut das Meer auszuschöp-
fen, ich Narr

Ja, ich bin ein Träumer, bin ein Narr
gehe oft mit meinen Gedanken spazieren
und mansche mögen mich halten für sonderbar
Ich habe nie aufgehört „Jennifer" zu lieben

Ja, ich habe nie aufgehört zu lieben
und kann Nichts dagegen tun
nur Jennifer´s Bildportrait ist mir geblieben
und Ihr Grab in dem Sie wird ewig ruh´n

Es ist eine unbegreifliche Sehnsucht die mich niederdrückt
ein seelischer Zustand dem ich versuche zu entflieh´n
Darf nicht so oft dran denken an jenes Unglück
Doch lass ich mir nichts anmerken, wenn sie mich be-
herrschen, meine Melancholien

Ich seh ein wenig verlegen auf Jennifer´s Portrait
Ihr Blick ist die pure Zärtlichkeit in Ihrem Gesicht
mein Herz schlägt wehmütig im Takt, oh Du mein
Liebesweh
wer wirklich liebt, spürt die Zweifel nicht

Gut hatte es uns gemundet, mein Magen ist gefüllt
meine Gedanken sind bei „Jenny", doch mein Herz ist leer
Essen war gut, unser Appetit wurde gestillt
doch der Anlass unseres Beisammen sein wog in mir
schwer

Lege eine kleine Pause ein beim Schreiben
denn unsere Gespräche sind recht anregend, nicht so trist
Ich spürte auch Jennifer´s Gegenwart zu weilen
da Jennifer´s Geist auch in Ihrem Vater war und ist

Hin und wieder wurde unser Gespräch durch ein Lachen
aufgehellt
weil es über Jennifer so einige Anekdoten zu erzählen gab

Unser Engel nimmt teil an diesem Gespräch, weil es mir
so gefällt
Und es ist der Vater, Jenny's Vater, den ich so gerne mag

Wir wollten noch einmal ans Grab
um von unserem Engel Abschied zu nehmen
die Hochzeitsgäste verließen gerade die Kirche an diesem
schönen Tag
Hoffentlich hält die Verbindung, da ja sind gescheitert
schon so viele Ehen

„Alles Gute und viel Glück", rief ich der Braut entgegen
obwohl ich ja fremd ihr gegenüber war
Die Braut war wirklich hübsch anzusehen
und ich dachte an eine „Bestimmte" im weißen Braut-
kleid mit hochgestecktem Haar

Ach hätt doch unser Engel zu Lebzeiten sein Glück gefun-
den
Jenny als wunderschöne Braut wie ich sie mir oft habe
erträumt
und wie gern hätt ich mich mit Ihr verbunden
Doch wir beide, jeder auf seine Art, haben es wohl versäumt

Versäumt, ja ich habe es versäumt meine Liebe zu finden
Oh „Jenny", warum hab ich Deine Nähe nicht gesucht
muss heute an Deinem Grab mit meinen Tränen ringen
warum erst jetzt, mein Liebling, ich bin verflucht

Es ist am Grab zu ruhig geworden
vielleicht geht Jennifer's Seele gerade mal flanieren

denn hier kann Sie sich austoben im Norden
im Wind geht Sie bestimmt am Deich oder in den Dünen
spazieren

Es tut sich was, die Wolken, sie brechen auf
und auch wir müssen uns von einander trennen
schnell den Vater noch mal ans Herz gedrückt, ein Blick
zu den Wolken hinauf
Vielleicht das es Jennifer wird rühren, da wir uns ja nun
schon näher kennen

Abschied nehmen von euch meine Freunde
Abschied auch von Jennifer's Grab
Ich danke für diesen Liebesbeweis eurer Treue
sollt ihr doch auch wissen wie gern ich euch hab

Auf bald, hört ihr, am Jahresende
wollen wir im Dezember Jennifer's Geburtstag gedenken
Mit Blumengestecken beladen, wie ich euch kenne
wollen wir dann unseren Engel reichlich beschenken

Ach wie wird es sein, wenn wir nicht mehr sind
Wer wird dann für uns weinen an diesem Grab, was
bleibt?
Wer wird der Nächste sein, wenn der Tod einen von uns
zu sich winkt
und was wird sein wenn ich es bin, ob ich mit Jennifer
dann bin vereint?

Ich unterbreche meine Erzählung um mich zu besinnen
was würde Jennifer's Vater jetzt wohl denken

könnte er meine Gedanken lesen, ich müsste vom Neuen beginnen
ob es rechtens ist, vielleicht das ich ihn würde damit kränken

Nein, er würde es sicher nachempfinden
das ich so seine Tochter liebe und verehre
und ihr meine Freunde würdet mit einstimmen
das wir alle vereint in der Ewigkeit uns wieder sehen
in einer anderen Welt, fern dieser Erde

Heute nun, am 14ten, schreibe ich diese Erinnerungen nieder
um diese für spätere abendliche Lesestunden festzuhalten
und dabei betrachte ich auch jene Photos immer wieder
die uns zeigen am Grab einer jungen Frau, verehrt und geliebt von uns Alten

Alt, ja als sind wir nun längst geworden
doch unserem Engel war es nicht vergönnt
Das Leben ist uns allen nur kurz geborgen
und für jeden von uns die Abendsonne sich auch bald senkt

Wie soll ich beginnen, wie soll es nun enden
schließe nun mein neues angefangenes Tagebuch
lege meine Schreibutensilien aus den Händen
Mal sehen was daraus wird, war ja nur ein Versuch

Morgen schon schreibe ich an weiteren Geschichten
deren Anzahl es gibt schon recht viele

Eine unerklärliche Kraft inspiriert mich immer wieder
zum Dichten
um wieder zugeben in Worten was ich empfinde für
meine je unerreichbare große Liebe

Und euch meine Freunde, der Peter und der Werner
Euch werde ich dann im Dezember wieder sehen
Wenn wir zusammen stehen, vereint am Grab jene Ver-
ehrer
um mit dem Vater „Jenny's Geburtstag" zu gedenken
am 10ten Dezember
da Sie für uns wird ewig weiterleben

„Gespräch mit einem Engel"

Prolog

Wie ist das eigentlich wenn man mit einem Engel spricht
wenn man seiner Liebe gegenüber steht
vielleicht ist dies der erste Versuch in einem Gedicht
Ich bewege mich auf dünnem Eis, ob das gut geht?

Natürlich ist und bleibt es nur Fiktion
auch möchte ich mit gläubigen Menschen nicht brechen
Ich hoffe, dass ich treff den richtigen Ton
Es sind ja nur meine Gedanken die da anfangen zu sprechen

Aus der Ferne hinter dem Abendrot
dort ist nun jene Seele für die Ewigkeit
denn mein Liebstes ist schon seit langem tot
und ich sehne mich hin zur Schlafenszeit

Wie bald, ach wie bald wird es sein wenn wir vereint
wenn sich die Zeit für mich wird ebnen
vorbei sind dann die langen Nächte in denen ich sehn-
suchtsvoll habe geweint
Denn ich weiß, dann werde ich Ihr begegnen

Begegnen, ja begegnen möchte ich meinem Engel auf bald
und wär es auch nur für einen kleinen Moment
Lieber heute als Morgen, so wünsche ich es mir halt
ob Sie mir dann auch ein liebes Lächeln schenkt?

Der Tag war lang und ich ruhe ein wenig
Die Balkontür war angelehnt, frische Luft erfüllt diesen
Raum
denke dabei an meine große Liebe, bin selig
und sehe den wehenden Blättern zu die da draußen
fallen vom Baum

Ein wenig müde bin ich, schließe meine Augenlieder
es ist als tauche ich in eine geistige neue Welt
an einander gereihte Bilder tauchen auf immer wieder
und ich führe leise Selbstgespräche weil es mir so gefällt

Obwohl meine Augen geschlossen, so sehe ich es deutlich
vor mir
Ich bin nicht allein, so geht es mir gedanklich durch den
Sinn
da ist doch jemand, mein Gott ich phantasier
Ich hab mich nicht getäuscht, Sie ist es wirklich, selig wie
ich bin

Ein durchsichtiges weißes Licht umhüllt Ihre Gestalt
und eine innige Ruhe erfüllt dieses Zimmer
diese „Güte" in Ihrem Gesicht, die Sie ausstrahlt
Sie ist mir erschienen, ich habe es mir gewünscht, immer

Doch fühle ich jetzt auch Angst in mir
weil mir noch nie ein Engel begegnet ist
Sie ist wirklich da, mein Gott, Sie ist hier
ich zittere vor Aufregung, weil „Du" es wirklich bist

Engel: „*Fürchte Dich nicht, mein Dichterfreund*
so sehen nun mal wir Engel aus
nun bin ich da für kurze Zeit, wo Du immer
hast von geträumt
Heißt Du mich willkommen in deinem Haus?"

Mein Gott, wie schön Sie ist
so hab ich Sie mir immer vorgestellt
Ja, liebe Leser, dass ihr es nur wisst
Ein himmlisches Wesen aus einer anderen Welt

Dichter: „*Willkommen?, Du bist mehr als willkommen*
Schau Dich um, Deine Portraits schmücken
meine Wände
Ich habe Dich schon seit Jahren längst aufgenommen
sieh Deine eingerahmten Bilder, die Anzahl derer
sprechen Bände"

Mit einem wehmütigen Lächeln sah Sie sich um
und streifte mit Ihrer Hand eins derer Bilder
Ich sah Sie nur stillschweigend an und blieb stumm
Ich wagte nichts zu sagen, für einen Moment wurde es
stiller und stiller

Wie oft hatte ich Sie in meinen Gedichten schon beschrieben
Wie oft habe ich Sie in meinen Träumen geliebt
Ich werde Sie immer und auf ewig lieben
weil mein Herz über meinen Verstand hat gesiegt

Engel: „*Ich kann und darf nicht all zu lang bleiben*
denn ich lebe nur in diesem Licht

dass ich deine Liebe zu mir nicht erwidern kann
Du mögest es mir verzeihen
Nein, bitte nicht berühren, mein himmlischer
Vater erlaubt es nicht"

„Ich weiß, Du hast dein Herz an mich verloren
und mein Engeldasein fällt Dir so schwer
solche Verehrer wie Du werden nicht alle Tage geboren
und doch, ich gebe es zu, es schmeichelt mir sehr"

„Warum schaust Du so wunderlich fragend mich an
Ach so, Flügel haben wir Engel hier auf Erden keine
wir würden damit nur auffallen, was wäre dann
zum fortbewegen benutzen wir auch unsere Beine"

Sie lächelte mich nachdenklich an
und setzte sich an meiner Seite
Eine Träne ich verlor, weil ich nicht anders kann
ob Sie wohl geahnt wie viele durchwachte Nächte ich um
Sie weinte

Dichter: „Die Liebe bedrückt mich wie die Hitze des Tages
Ich kann nicht aufhören Dich zu lieben, an Dich
zu denken
als Du von uns bist gegangen, damals begann es
Meine Tränen nehmen kein Ende, als würden sie
mich ertränken"

„Mir träumte ich wär aus großer Höhe gestürzt
wie Du, der Du einst zu unvorsichtig warst

132

Ich wollte es Dir gleichtun damit mein Leben
ward gekürzt
niedergeschmettert am Boden wie zerbrochenes Glas"

„In meinen Träumen bist „Du" aber lebendig wie
nie zuvor
und so kam es, dass ich anfing für Dich zu dichten
meine Mitmenschen halten mich für einen welt
fremden Tor
aber ich kann nicht mehr aus meinen Träumen
flüchten"

Engel: „Träume?, ich habe auch geträumt, sehr oft sogar
Ich wollte immer frei sein wie der Wind
wollte nicht gebunden sein wie ein biederisches
Ehepaar
wollte nie erwachsen werden, ungezwungen sein,
wie ein Kind"

„Wenn ich Wind wär, ich wär den ganzen Tag
lang Sturm
Blätter würden fallen, Zweige die da brechen am
dicksten Ast
über Häuserfronten würde ich wehen, bis hinauf
zum höchsten Turm"

Dichter: „Ja, ich weiß, ich höre wie Du es damals gesagt hast"

Sie sah mich verwundert an

Dichter: „Wenn ich noch jung wär, so würde ich noch
viele Liebesgedichte schreiben
doch das Alter hat mich eingeholt an den Jahren
nur noch einem Wesen gelten meine wehmuts
vollen Zeilen
Und dieses Wesen, diese Frau, dieser Engel, der
bist „Du" der da trägt Deinen Namen.

„Wie viele Nächte habe ich wach gelegen im
Fieberwahn mein Herz brach entzwei
in meinem Körper die Hitze die ich vermochte
zu spüren
und eine Nachtigal sang die Kühle der Nacht herbei
Und nun bist „Du" mir so nah und darf Dich
dennoch nicht berühren"

„Ich berühre mit einem Kuss zärtlich Deine Lippen
und liebkose und streichel Deine Wangen
doch nur in meiner Poesie ist es mir erlaubt Dich
zu beglücken
Ich halte mich an Dein Gebot, reiße mich
zusammen"

Engel: „Wie kann ich glücklich sein, wenn Du leidest, hier
weil unser Schicksal uns nicht gewogen ist
Ich möchte so gern das gleiche empfinden,
verzeih mir
Aber Du sollst wissen wie lieb geworden Du mir
bist"

„Männer hab ich auf Erden viele kennen gelernt
doch den richtigen Mann habe ich nie für's
Leben gefunden
Hin und wieder habe ich mich auch für
jemanden erwärmt
und ich verbrachte mit ihnen mansch fröhliche
Stunden"

„Wenn Du mir im Leben begegnet wärst
Ich weiß nicht was wäre wenn
Aber so schnell kann man nicht erobern mein Herz
aber Du hast eine nette Art, weil ich Dich jetzt kenn"

„Ach Du mein Verehrer, der da schreibt Lyrik
über mich
es macht mich ganz verlegen dass ein Mann so
sensibel ist und fühlt
Wusste gar nicht das es Männer gibt die da sind
so empfindlich
doch auch der Kummer wird durch die Tränen
weggespült"

Sie ging durch meine Wohnung, mehr das Sie schwebte
und betrachtete ein eingerahmtes Bild meines verstor-
benen Vaters
Sie wirkte nachdenklich, ich spürte, dass Sie ein Gedanke
bewegte
Meines Vaters Tod berührte mich damals sehr, trotz
hohem Alters

Engel: „Es gibt da noch einen Menschen zu dem ich
aufsehen kann
und der mit Rat und Tat mir immer zu meiner
Seite stand
Ich spreche von ihm, meinem Vater, ein
herzensguter Mann
bei ihm konnte ich mich immer aussprechen,
Jenny hat er mich liebevoll genannt"

Dichter: „Ja, ich habe ihn persönlich kennen gelernt
ein mir sehr einfühlsamer sympathischer Herr
In seinem Anwesen im Garten nicht weit von
Deinem Grab entfernt
habe ich Gespräche mit ihm geführt, ich mag ihn
auch sehr"

Engel: „Ich spreche sehr oft mit meinem Vater wenn er
ist allein
dann wenn er in Gedanken bei mir ist
Ein Gedankenaustausch im stillen Beisammensein
Nachdenkliches Schweigen auch an meinem
Grabe, da er mich so sehr vermisst"

„Über den Inhalt möchte ich nicht sprechen
da es nur mich und meinen Papa angeht
Dieses Gebot darf und werde ich nicht brechen
Es sind ganz persönliche Dinge, die mein eigen,
da es mir widerstrebt"

*Sie schritt weiter und sah sich meine Musikaliensamm-
lung an*

Ich wurde verlegen, ob es Ihren Geschmack würde ent-
sprechen?
Es waren überwiegend klassische Musikstücke, als dann
Sie blickte zu mir herüber und begann zu lächeln

Ja, Sie schenkte mir ein Lächeln, so wie nur Sie es kann
und ich fühlte, Sie könnte die Leere in meinem Herzen
ausfüllen
ob Sie mich jemals lieben könnte, nicht heute sondern
irgendwann
Doch mach ich mir nichts vor, es geht nicht nach meinem
Willen

Dichter: „Mögen Sie, - magst „Du" gern hören gute Musik?
          mit geschlossenen Augen folge ich den Klängen
          innerlich
          Auch lese ich gerne über Astronomie und Physik
          doch am liebsten denke ich im Stillen an Dich"

Engel: „Das Denken ist wie das astronomische Licht
          es bewegt sich von einem Ort zum nächsten Punkt
          wie das ewige Licht, so erreichen und berühren
          Deine Gedanken auch mich
          und ich habe Dir zugehört, von dort oben, in
          mansch stiller Stund"

          „Ja, man hat mir auch Deine Lyrik zugetragen
          ein Himmelsbote hatte sie mir dargebracht
          Doch musste ich erst unseren Herrn Gott fragen
          das mir diese Gedichte von Dir waren mir
          zugedacht"

„Übrigens höre ich lieber zeitgenössische Musik
dort wo ich jetzt bin, gibt es aber keine
In den Wolken dort oben, wo man uns nicht sieht
hören wir euch Menschen hingebungsvoll zu,
wenn auch nur für eine Weile"

Ich konnte meine Augen von Ihr nicht wenden
ein unsagbares Liebesgefühl was mich hatte erfasst
Diese Liebe zu Ihr wird niemals enden
Wie schade dass Sie nur kurz da sein kann, mein himm-
lischer Gast

Engel: Schau mich an, schau mir ins Gesicht
Ich muss nun fort in die meinige Welt
die Hände reichen dürfen wir uns nicht
da es meinem himmlischen Vater sonst missfällt"

Dichter: „Das Du mir begegnet bist, dankbar möchte ich sein
Du darfst nicht allzu lange bleiben
Ich möchte Dich ungern lassen, Du mögest es mir
verzeih'n
Lass mich zum Abschied ein Lächeln weinen"

Sie sah mich liebevoll und tröstend an
und eine kleine Träne entwich Ihrem Engelsgesicht
Ihr Mund wollte sprechen, was Sie nicht tat oder kann
aber Ihre Augen sagten mir: "V e r g i s s   m i c h   n i c h t"

So wie Sie gekommen, so entschwand Ihre Gestalt
aufgelöst und hinein getaucht in ein weißes Licht
kein Wort des Abschieds, was mir entgegen hallt

und ich wachte auf mit erhitztem Gesicht

War es doch nur ein Traum, der mich schlummern ließ
hat sich alles nur in meinem Kopf abgespielt
oder war es ein himmlischer Wind der mir ins Gesicht blies
und beim Betrachten meines Daseins inne hielt

Der Wind, natürlich, Sie war in dem Wind
und es war Ihre herbe Stimme die ich da vernahm
und ich hab geschlafen wie ein Kind
während mein geliebter Engel zu mir kam

Dichter: „Hörst Du mich mein Engel dort oben
          Es war kein Traum als ich Deine Gegenwart spürte
          Es sind die Blätter die dort immer jetzt noch toben
          ausgelöst durch Deinen Sturm, der mich im
          Schlafe berührte"
          Du mein geliebter Engel, ich sehne Dich wieder
          herbei
          schenke mir Trost nehme mir ab meine Ängste
          und Sorgen
          verlange ich denn zuviel, dann bitte verzeih
          Es gibt ein Wiedersehen, nicht heute, aber bald
          vielleicht schon Morgen, Morgen
          und immer wieder auf Morgen

          hörst Du   auf Morgen

                        auf Morgen

                        auf Morgen …

„GRABREDE"

Ein Dichter legte eine weiße Rose zärtlich ab
und hielt eine Rede an Ihrem seligen Grab
Die Engelsfiguren weinten, die Vöglein ein trauriges Lied
sie sangen
Und in nicht allzu weiter Ferne die Glocken einer Kapelle
erklangen

Prolog

Manschmal stand er am Fenster und sah nachdenklich hinaus
was ihm wohl durch seinen Kopf ging
mein Vater, Zigarre rauchend, Haare zersaust
Mundharmonika spielend, ich sein einziges Kind

Jetzt wo er tot ist, denke ich oft an Ihn zurück
Wie gut er doch zu mir im Leben war
Ich hab mich an seinen leblosen Körper gedrückt
gestreichelt sein Haar, als ich ihn zum letzten Mal sah

Ich habe meinen Vater geliebt
doch hab ich es nicht immer ihm gezeigt
fortgestohlen hatte ich mich wie ein Dieb
zu kurz waren meine Besuche im Pflegeheim was mir heute
tut recht leid

Oft habe ich meinen Vater an seinem Krankenbett erzählt
von meiner Liebe zu einer Frau die nun im Himmel ist
Er hätt es gern gesehen wenn ich hätt mich vermählt
Doch einen Engel kann man nicht ehelichen, das ist gewiss

Ich habe meinen Vater im hohen Alter verloren
ein anderer Vater seine Tochter mitten im jungen Leben
als Engel ward „Sie" nun im Himmel wieder geboren
ob Sie sich beide begegnen werden auf ihren Himmelswegen?

Verzeiht, meine Getreuen, Gefährten und Freunde
die Ihr hier versammelt seid, wenn auch nur in meinem Geist
dachte kurz an meinen Vater, dem ich halt meine Treue
Doch gedenken wir heute unserer „Jenny" weswegen ich
angereist

Es war einmal, so beginnt ein jedes Märchen
ein kleines Mädchen was heranwuchs zu einer schönen Frau
Wie ein kleiner Wirbelwind im Arm Ihr Stoffbärchen
spielte und tobte Sie umher mit viel Radau

Dem Vater der mit uns heute hier mitverweilt
sei gesagt, wir haben seine Tochter unter dem Namen
„Jennifer Nitsch" gekannt
Wir nehmen Ihn auf in unserem Bund und teilen mit
Ihm sein Leid
liebevoll hat er den Grabstein in „Jenny" unbenannt

Wir sind hier zusammen gekommen
um zu gedenken „Jennifer Nitsch", einer großen Schau-
spielerin
Sie hat von uns allen unsere Sympathie gewonnen
und mein Herz weil ich so verliebt in Sie bin

Ich seh wie Sie als kleines Mädchen am Meer gespielt
wie Sie mit Ihrem Vater am Nordseestrand promonierte
Wie liebevoll ein Vater seine Tochter in den Armen hielt
und wie Jenny Muscheln sammelte und nach Aussehen
sortierte

Als junge Frau zu feiern im Kölner Karneval
verführerisch weiblich, junge Männer schmachten nach
Ihrer Gunst
Sie liebte es sich zu verkleiden für den Kostümball
später entdeckte Sie die Liebe zur Schauspielkunst

Schauspielerin zu werden, nicht irgendwie
Anspruchsvolle Rollen sollten es schon sein
Keine oberflächigen Zickenrollen, ihr wisst was ich meine
auch trug Sie keine kurzen Röcke um zu zeigen das Bein

Ich habe nicht all Ihre Filme gesehen
doch die ich sah lassen erkennen
„Sie" konnte gut neben anderen Künstlern bestehen
Und zählt man auf große Darsteller so muss man auch
Ihren Namen nennen

Doch ihr wisst, ich schwärme nicht nur für die Künstlerin
Es ist die Frau die mein Herz so sehr begehrt
Ihre Art, Ihre Ausstrahlung geht mir nicht aus dem Sinn
Auch heute noch, obwohl Ihr Tod sich oft schon jährt

Wo sind all diese Partyfreaks, die Sie persönlich kannten
Man hört und sieht heute nichts mehr von Ihnen
Ich meine „Ihre" Freunde, die Sogenannten

Die Münchener Chickaria, nur Sprüche und vorge-
täuschte Lügen

Nein, ich will und darf nicht über Jennifer's Freunde
urteilen
Das steht mir und uns allen hier nicht zu
Jennifer würde es auch nicht gutheißen, eher verneinen
Kein Vorwurf den Menschen, mir passt nicht der Schuh

Wir aber die hier alljährlich am Grab verweilen
dürfen uns doch zu Ihren Verehrern zählen
und wenn ihr es mir nachseht, so lasst mich halt weinen
das ich Ihretwegen zum Dichter wurde, muss ich wohl
nicht erwähnen

Seht, Wolken ziehen am Horizont auf
als wollten sie sich hier alle versammeln
es ist als wollten sie unterbrechen ihren Himmelslauf
um ihre Engel auf Erden lassen unsichtbar zu wandeln

Und wenn ich seh auf die steinernen Engelsfiguren
die das Grab tagsüber schmücken und dekorieren
wer weiß ob sie des Nachts hinterlassen ihre Spuren
und ihre kleinen Körper liebevoll an dem Grabstein sich
schmiegen

Ja meine Freunde, es ist ein Zauber an diesem Grab
Hier wo ein Engel die Erde hat berührt
während ich zu euch rede, ist in mir Ihre selige Gegenwart
Hier in meinem Herzen, das habe ich soeben verspürt

Ja wenn ich traurig bin, hört Sie mir zu
sei es an Ihrem Grab, oder an einem anderen Ort
Ich habe immer mit „Jennifer" ein Stelldichein oder gar
ein Rendezvous
Ihr schaut skeptisch, ich geb euch darauf mein Wort

Natürlich könnt ihr Sie nicht wahrnehmen
Ihr Vater weiß wohl wovon ich spreche
Nur wenn man still in sich geht, erhört „Jenny" unsere
Seelen
Unter Vorbehalte, das ich dieses Gebot nicht breche

Denn Sie spricht nur dann wenn Sie es will
Ich bilde da mir nichts ein
Nur wenn Ihr danach ist, flüstert Ihre herbe Stimme
ganz still
mir tröstende Worte in mein Herz für mich allein

Ich seh auf eure Blumengaben die ihr dargebracht
jeden von euch möchte ich an mich drücken
Kein anderes Grab ist so bedeckt mit so einer Blumen-
pracht
Und das alles um unserem liebsten Engel zu ehren, zu
beglücken

Ja, mein lieber Herr Nitsch
Vater unserer „Jenny" der Sie nun mal sind
Wir teilen Ihren seelischen Kummer mit Ihnen
und es schmerzt zu beweinen ihr jüngstes Kind
weil wir Ihre Tochter nicht nur verehren, sondern wirk-
lich lieben

Ihre „Jenny" lebt in meinem eigenen Kummer
und stirbt in meinem Herzen nicht
Mein Gemüt lässt es zu, es ist wie ein Wunder
da sie in stillen Momenten, wie gesagt, zu mir spricht

Ja, meine Freunde
ich bin ein Gemütsmensch wie er im Buche steht
Freude und Lachen ward mir zum Schmerz
bin nachdenklich geworden, Frohsinn mir fast widerstrebt
Und wenn ich seh in des Vaters Augen, bricht es mir
mein Herz

Schaut auf das Grab, es atmet in Ruh
Die Vöglein hocken still in ihren Zweigen
Am Stein, die kleinen Engelein flüstern zärtlich leise das
Wort „Du"
Wen sie damit wohl insgeheim meinen?

Ich bin mir nicht sicher, doch wer weiß
Vielleicht stellen sie sich nur schlafend zu ewigen Ruh
da sie sich kaum bewegen, wie so oft meist
hören sie doch meiner Rede und Ausführungen still-
schweigend zu

Und es sind die meinigen Hände die diesen Stein berühren
wenn die Schriftzüge Ihres Namens ich nachempfinde
fleißige kleine Hände jene Blumen dekorieren
Des Nachts wenn kleine Elfen kommen getragen vom
Nordseewinde

Ja lächelt nur, der Romantiker in mir spricht
aber was wiegt dagegen wenn ihr es nicht besser wisst
Was Andere denken das stört mich nicht
Ich glaube daran, weil der Gedanke so wunderschön ist

Und noch eins möcht ich euch kunden
Etwas von „Jennifer" lebt in mir immer fort
Denn Sie hat bei mir ein neues zu Hause gefunden
Wo?, natürlich hier in meiner Brust, am Herzen dort

Ja „Jennifer" ist mein Schatten am Tage
und des Nachts ist Sie mein Licht
Ihr schaut skeptisch, wenn ich's euch doch sage
Es leuchtet für mich immer Ihr Angesicht

Nach außen hin gebe ich mich gelassen
Doch Empfindungen kann man nicht verbergen hinter
Tränen
habe nah am Wasser gebaut, in Massen
und es tut gut, Gefühle sprechen zu lassen, miteinander zu reden

Durch Jennifer's Tod haben wir uns kennen gelernt
Durch euch habe ich neue Freunde gewonnen
Ein jeder von uns für Sie betet und schwärmt
Ich lächel ein Weinen, das ihr seid gekommen

Alles was wir lieben muss vergehen
jedes gesprochene Wort nimmt eine Träne mit sich fort
Doch bin ich immer bei „Jenny" mit meinen Träumen
und Sehnen
Sei es hier, auf Reisen, oder an einem anderen Ort

Ja, meine Sehnsucht will träumen
Ich sehne mich an Jennifer's Seite
Verzeiht dass ich ausspreche was ich denke, ihr Getreuen
Durch meinen Kopf geht das Adagio aus „Mahler's
Neunte"

Zum Gedenken an unserem Engel höre ich diese Melodie
in meinem inneren Ohr
das Schlussadagio dieser Sinfonie klingt ersterbend und
empfindsam
Ob es dort „oben" auch Musik gibt, so stell ich sie mir
jedenfalls vor
Und ich seh in meinen Gedanken wie Gottes Sohn
„Jenny" zu sich in seine Arme nahm

Ach Jennifer, Du sehnst Dich nach Ruh in baldiger Nacht
spreche ich zuviel auf Dich ein, Du kleine süße Fee
Dein kurzes Leben hat Dich gar so müd gemacht
Möchte Dich halten, doch Du springst mir hinfort wie
ein kleines scheues Reh

Ich weine um Dich, aber wer weint um mich?
Du aber würdest mir schenken einen Seufzer bestimmt
Ich spüre Deine Wange die sich schmiegt an mein Gesicht
Oh lasst mir die Illusion, ich bin manchmal wie ein Kind

Liebe Freunde, ich hab nicht das Recht
für mich unseren Engel zu beweinen
es wär euch gegenüber unfair, eher ungerecht
weiß ich doch dass wir heute gemeinsam unsere Liebe
wollen bezeugen

Doch wenn ich bin allein an Ihrem Grab
so knie ich nieder und offenbare „Ihr" mein Leid
spreche leise zum Grabesstein wie lieb ich Sie hab
denn Dichter lieben die Einsamkeit

Einsame Verzweiflung beherrscht das Schweigen meiner
Seele
während am Horizont beginnt das Leuchten vom Abendrot
das ich mich nach einer anderen Welt sehne
wo Jennifer jetzt ist, oh wie bitter bist Du, Du Tod

Wir müssen dieses und das unsere Schicksal akzeptieren
Jennifer ist nun ein Engel im rosigen Duft
Den Tod, man kann ihn nicht verleugnen oder belügen
Doch unser Engel lebt im Licht, in keiner dunklen Gruft

Seht nur hin, dort nah am Stein
eine kleine schwarze Drossel sich versteckt
in einer geschützten Hecke gibt sie sich ein Stelldichein
und hofft dass man sie nicht entdeckt

Ja meine treuen Gefährten
so wie jener kleiner Vogel möchte ich in die Ferne schweifen
in die Lüfte abheben und schweben
zwischen den Wolken möchte ich mit Engelsflügeln gleiten
und Ausschau halten nach dem „Garten Eden"

Denn dort wo „Jennifer" nun ist, wird es Ihr gut ergehen
Kein Schmerz, kein Leid, keine irdischen Sorgen
zum Himmel aufsteigend gleitet nun Ihre Seele zum
ewigen Leben

während wir hier heute gedenken auf dem kleinen Friedhof
Sank Peter Ording, am Meer hoch im Norden

So nehme ich nun Abschied von einer wunderbaren Frau,
meinem Idol
von einer Frau die in meinem Herzen da wird ewig
weiterleben
Mit dem Blick zum Himmel gewandt ruf ich Ihr zu: Ich
denk stets an Dich, Leb wohl
ich werde den Rest meines Lebens zu Deinen engsten
Verehrern zählen

Der Grabstein der Deinen Namen trägt
die Blumen, die Engelsfiguren, die Grablichter
Nirgendwo fühl ich mich so nah bei Ihr, bin sehr bewegt
und möchte es zum Schluss beschreiben wie ein Dichter

> *„Du bist am Leben, das bezeugen die Lichterkerzen*
> *so ward es in den heiligen Schriften beschrieben*
> *ich aber werde sterben am gebrochenem Herzen*
> *da ich nie aufgehört habe Dich zu lieben.*
> *So lang ich aber noch denken kann*
> *und so lang mir der liebe Gott ist gnädig*
> *so lang hält mich Dein Zauber in Bann*
> *sollst Du doch wissen, wie sehr ich Dich liebe und begehre*
> > *auf ewig*

> > > *ewig*

> > > > *ewig*

> > > > > *ewig*

Ach noch ein Wort für „meinen" Vater, hörst Du mich?
Du warst mir ein guter Vater wie es ihn nur einmal gibt
Ich sehe Deine liebevolle Güte in Deinem Gesicht
Auch Du sollst wissen wie sehr ich Dich vermisse, ich hab
Dich lieb.

Jennys Grab.

„Ich bin manchmal wie ein Kind"
„Dichterträume"

Ich bin manchmal wie ein Kind
möchte gar nicht erwachsen werden
möchte aufsteigen und fliegen wie „Peter Pan" im Wind
mit Märchenfiguren leben, weit entfernt unserer Erden

Ja, in einem Zauberland der Märchen und Poesien
leben viele kleine Geschöpfe, die im dunklen Wald dort
wohnen
Böse Menschen sagen das es so etwas nicht gibt, es seien
nur Phantasien
doch es ist wahr, es liegt aber unerreichbar am Ende des
Regenbogen

Elfen und Nymphen sitzen auf großen Schmetterlingen
und ziehen eine Kutsche mit goldenen Fäden
begleitet von schwebenden Engeln die einen Gesang an-
stimmen
es muss wohl schön sein in einem Märchenland zu leben

In jener Kutsche sitzt eine Prinzessin, so wunderschön
wie in einem Märchen ist es nachzulesen
sie ist so schön und wundervoll anzuseh'n
während die Reise geht ins Land der Fabelwesen

Gefolgt von edlen Rittern aus dem Burgenland
die stolz tragen ihr Banner, ihre Knappen die sie begleiten

Farbenprächtig ist verziert ihr ritterliches Gewand
das Schwert stets zugegen, um für ihre „Liebste" zu streiten

Die Fahrt geht weit ins Regenbogenland
vorbei an romantischen Burgen und Wasserfällen
Nur den Dichtern und Märchenerzählern ist es wohl
bekannt
und am Ende des Zuges, mit kleinen Schritten folgen gar
lustige Gesellen

Sie sehen aus wie kleine Wichtelmänner
doch sind sie recht bekannt, jedenfalls allgemein
Oh, ihr Leser, ihr seid ja wahre Kenner
ja, ihr ahnt es schon, es sind die berühmten sieben Zwerge
die ich mein

„Haltet ein ihr edlen Rittersleut
und sagt mir wen ihr dort geleitet
Wer ist diese schöne Maid?"
und ein Ritter darauf hin auf mich zuschreitet
„Ihr kennt sie, tragt ihr doch ein Bildnis in euch voller
Schmerzen
Ihr Haar ist blond, ihre Augen strahlen wie Rubine
Ihr Blick verzaubert eines jeden Mannes Herzen
Ihr ganzes Wesen wird umschrieben mit den Worten der
Liebe"

„Doch wagt es nicht näher zu treten um sie zu sichten
Sie steht unter unserem Schutz, von Gott befohlen
Ihr wisst von wem ich spreche,
Ihr sprecht aus ihren Namen in all euren Gedichten

Aber wir lassen es ihr wissen, dass sie kann in deinem
Herzen wohnen"

„So wie die Blumen sich nach dem Frühling sehnen
so sehn ich mich wehmütig nach ihr
Doch es ist gut so, sie soll nicht sehen meine Tränen
da ich sonst meine Fassung verlier wenn ich sie zärtlich
berühr"

Doch da, eine kleine zierliche Hand bewegt des Fenster
Kutsche Vorhang
und ein liebevoller träumerischer Blick trifft mich mitten
ins Herz
Oh, wie gern hätt ich diesen Moment festgehalten, stun-
denlang
Doch es darf nicht sein und zurück bleibt ein süßer
Schmerz

Ja in meinem Herzen ist etwas was ich nicht möchte missen
ein glückseliges Gefühl wie ein melancholischer Seelenschlaf
meine Träume, meine Gedanken, ihr Angesicht das
möchte ich küssen
mein Schweigen anderen gegenüber was ich empfinde und
nicht aussprechen kann und darf

Schon der Gedanke an sie, lässt mich innerlich aufglühen
das mein Herz sich wie Flammen erwärmt
Wer kann und vermag zu verstehen, mit mir fühlen
Sogar in meinen Träumen mein Liebstes sich mehr und
mehr von mir entfernt

Aus meinen Gedanken gerissen, sehe ich
der Wagen ist ganz mit weißen Rosen geschmückt
an meinem Beinkleid zupft ein kleiner Wicht
und er mustert mich der Größe nach, Stück für Stück

Und der kleine Wicht der da spricht:
„Was ist mein Herr, das ihr so niedergeschlagen seid?
Oh, verzeiht, nun erkenne ich euch wieder
Seid ihr nicht dieser Dichter, der da Verse niederschreibt
die sich lesen wie Liebeslieder"

Ich sah ihn mir nun genauer an
eine gerötete Nase in seinem verrunzelten Gesicht
eine Figur wie aus einem Märchen, wenn ich mich rich-
tig entsann
Wer war wohl dieser kleine Wicht

Einen Namen möchte ich ihm noch nicht geben
doch erkennen werde ich ihn wieder jeder Zeit
Zwerg Nase?, doch er würde es mir wohl übel nehmen
Ist er doch ein putziger kleiner Kerl, und es täte mir auch
leid

Und eh ich mich versah
traten noch weitere kleine Gestalten aus einem Licht
kleine Kobolde und Nymphen mit goldenem Haar
gaben ihre Scheu auf und letztere schmiegten sich an mich

Ahnten sie wohl, dass ich nichts Böses hatte im Sinn
ihre Vertraulichkeit rührte mich gerade zu
Woher kannten sie mich, das ich es war und noch bin

Vielleicht von jenem Grab wo einst jener Engel schlief in
himmlischer Ruh

Oh, ihr kleinen himmlischen Geister
träum ich denn was ich seh, was ich tu
und jener Ritter, Lohengrin genannt, denn so heißt er
trat noch einmal auf mich hinzu

„Nun seiet bedankt, der ihr seid hier Vertreter auf Erden
für eure gewählten Worte unserem Engel gegenüber
auch Dank möchte ich aussprechen im Namen meiner
Gefährten
Die ihr werdet sehn einst wieder"

Und während er sich auf sein edles Ross begab
berührte mich eine kleine zierliche Hand
es war eine zutrauliche süße kleine Elfe, ob sie mich wohl
mag?
Sie zeigte keine Furcht, war mir zugeneigt, wie ich fand

Ich beugte mich hernieder zu ihr
ihre kleinen Äuglein blinzelten mich liebevoll an
„Ich heiße Elevia", sprach ihre helle kindliche Stimme zu
mir
„kenn ich euch doch, seid ihr doch der einfühlsame trau-
rige Mann"

„Ich habe euch schon oft am Grab gesehen auf Erden
wenn ihr glaubtet allein zu sein
unbemerkt ohne von euch entdeckt zu werden

hab ich beobachtet euch hinter dem von euch aufge-
suchtem Grabesstein"

Ich sah in ihr Antlitz, in ihr kleines kindliches Gesicht
ein Geschöpf wie aus einer anderen Welt
„Elevia", ich möchte Dich aufnehmen in meinem Gedicht
weil Du so lieblich bist und weil es mir so gefällt

„Ach wär ich einer von euch, ich würde mit euch ziehen
wollen
Ich finde Dich wirklich sehr reizend, Du zartes Wesen,
Du Kleine"
Verlegen schaute das kleine Geschöpf zur Seite
während die Kobolde waren am rumtoben und rumtollen
und sie sprach:
„Ach, Du liebst ja nur diese „Eine", ihr wisst wen ich meine"

Und während es wie ein Vorwurf klang
kicherten die anderen Nymphen und Wichte in sich hinein
Vorsichtig streichelte ich ihre kleinen Flügel und ver-
beugte mich galant
„Du bist meine zweite große Liebe, doch das bleibt unter
uns, ganz geheim"

Sie sah mich nachdenklich an
und sprach:
„Ich werde da sein wenn ihr am Grab werdet Blumen
niederlegen
doch darf ich mich euch nicht zeigen, ein Wille unseres
Herrn, das ich nicht brechen kann

Ist es doch mein Gebot das Grab eines Engels auf Erden
zu pflegen"

„Du redest zu viel, kleine Elevia
Geh, und flieg voraus um uns den Weg zu weisen"
Des Ritters Stimme nun sehr forsch und deutlich war
und unaufgefordert folgten auch die Wichte auf ihren
Sohlen, den leisen

Und ich dachte und sprach für mich ganz leise
Leb wohl, du kleine Elfe, vielleicht auf bald
Ob sie wirklich da sein wird, am Grab, auf wundervolle
Weise …
> Auf einmal eine Türe kraftvoll knallt!!! <

„Wach auf, du alter Narr, verliebter Dichter
Hast Du wieder in Dir hineingeträumt
Wenn Dich dein Chef sieht, brennen aller Lichter
und Du weißt wie er sich aufregt und schäumt"

Ein Arbeitskollege hat mich aus meiner Traumwelt gerissen
war ein wenig eingedöst, man glaubt es kaum
„Braucht der Herr noch ein Kopfkissen?"
„Schon gut mein Freund, ich war gefangen in einem
seligen verlorenen Traum

Er ist fort
und seinen Blick möchte ich mit Worten nicht wiedergeben
Ich wünschte, ich wär auch an einem anderen Ort
bei „Elevia", ob ich sie werde wieder sehen?

Und der Dichter in mir spricht:
Wenn es schneit weiße Rosen und es regnet kühlen Wein
dann komm ich wieder, kleine Elfe, allerliebste mein
und wer dies liest, der glaubt jener Dichter spinnt
Ja, ich weiß
Ich bin manchmal wie ein kleines Kind

„Sommernachtstraum IV"

Es dunkelt schon die Luft
die Sonne senkt sich dem Abend entgegen
Nehme auf den süßen Blumenduft
und ich verspür ein großes Verlangen und Sehnen

Es ist wie ein wehmütiges Träumen
was übergeht in ein schwärmerisches Sehnen
das Grab im Schutz liegend nah den Bäumen
beginn ich mit dem Grabstein zu reden

Meine Hand zittert wenn ich berühre „Deinen" Stein
diese Unruhe in mir die nicht weichen will, nicht wei-
chen kann
ein unbeschreibliches Verlangen bricht über mich herein
Es ist Dein unsichtbarer Geist der mich hält in Deinem Bann

Ich möchte Dir jeden Tag beiwohnen
um Dir täglich eine Blume ans Grab zu legen
Du sollst jetzt und immer da für mich thronen
Ich bete für Dich verbindlich mit meinen Tränen

Auch möchte ich Dir ein herbstliches Laubblatt sein
nur zu ruh´n an Deinem Grab
dann kuschel ich mich an Dich, Du mögest verzeih´n
sollst Du doch wissen wie lieb ich Dich hab

Wie ist das wenn man tot ist
ist man dann ganz für sich allein?

Nein, ich weiß dass „Du" jetzt ein Engel unter den Anderen bist
Doch dort wo „Du" jetzt bist kann ich noch nicht sein

Deine Seele will nun in die Lüfte schweben
und ich blicke hinauf zu den himmlischen Weiten
nun beginnt für Dich das ewige Leben
und die Kraft und die Liebe Gottes mögen Dich dort
oben begleiten

Leb wohl, Du mein geliebtes Saitenspiel
Ich nenne Dich so weil Du meine seelische Muse bist
bist ein Teil von mir geworden, verlange ich zuviel
„Du" bist die Liebe meines Lebens weil es nun mal so ist

Schön muss es dort oben im Licht, in den Wolken sein
fern ab von allen weltlichen Dingen
Umgeben von vielen kleinen Engeln bist Du doch nicht
mehr allein
Es geht Dir gut, doch muss ich mit meinen Tränen ringen

Tränen, immer wieder, ich habe nah am Wasser gebaut
Schweige in mich hinein, denke nach, bin innerlich sehr
bewegt
in meiner Brusttasche ein Bildportrait von Dir, meine
ersehnte Braut
so ist das nun mal wenn man einen geliebten Menschen
am Herzen trägt

Wie ein süßer Schmerz der da sticht in meiner Brust
kann ihn mit Niemandem teilen, will es auch gar nicht

komm nicht über hinweg über den seelischen Verlust
wenn ich Dein Photo mir ansehe liebkose ich Dein liebe-
volles Gesicht

„Du" bist die Frau an der man sein Herz verliert
bist die Frau für die man schlaflose Nächte durchdenkt
bist halt der Grund weshalb ich stundenlang Verse ge-
schrieben und korrigiert
„Du" bist das, was man eine unendliche Liebe nennt

Ich denke jeden Tag, jede Stunde stets an Dich
weil es für mich von Nöten ist
so groß ist meine Sehnsucht dass man fast daran zerbricht
Doch ich weiß, dass Du in Wirklichkeit nie von mir
gegangen bist

Auf unvorhersehbare Tragik warst Du nun zum Engel
geworden
denke nach, blicke auf die roten Grabeskerzen
Hat sich das Unglück nicht vorher schon angedeutet, mit
seelischen Sorgen
Das Du gestorben bist, eher am gebrochenem Herzen

Doch was ist das, bewegt sich dort am Lichterglas
Es dunkelt ja schon, kann es nicht erkennen
kleine Äuglein blinzeln versteckt fast unsichtbar hinter
der Hecke im Gras
sind es kleine Wichtelmänner, ja so könnte man sie benennen

Es ist also doch wahr, sie kommen wohl erst zur Nacht
denn sie wollen nicht von uns Menschen gesichtet werden

sie tuscheln miteinander und halten am Grab ihre Wacht
Von einer göttlichen Macht befohlen ihre Arbeit zu ver-
richten auf Erden

Und noch später, so hört man sagen
gesellen sich zur abendlichen Stund noch kleine Elfen dazu
sie sortieren und schmücken die von uns Menschen mitge-
brachten Gaben
und betten unseren Engel des Abends zur Ruh

Denn des Nachts schlafen manche Engel auch in ihrem Grab
Doch genaueres, man weiß es nicht
Deshalb sprech´ ich ja auch mit „Dir" am heutigen Tag
In der Hoffnung das „Du" mir zuhörst: „Mein Engel, ich
liebe Dich"

Habe mich nicht getäuscht, kleine himmlische Geister
huschen am Grab umher
Ich tu so, als hätt´ ich sie nicht geseh´n
sie fühlen sich dann ungestört als wenn nichts wär
Doch ist es ihnen lieber, wenn ich bald würde wieder geh´n

Oh, ihr kleinen märchenhaften Wichtelmänner und
Elfen
so lasst mich noch ein wenig am Grab verweilen
wie aufgeregt sie tun und sich gegenseitig helfen
kleine kauzige Laute die sie sich flüsternd mitteilen

Ich liebe diesen Zauber der mich hier umgibt
und auch der Mond gesellt sich nun auch stillschweigend
hinzu

Er wirft einen Blick zum Grab, bevor er in seiner Bahn weiterzieht
um Licht zu spenden für das Grabgemach eines Engels in ewiger Ruh

Ich kann mich nicht losreißen von jener Atmosphäre
ein Blick hinauf zu den Gestirnen im unendlichen Weltenraum
während im Mondeslicht kleine Elfen zünden an eine Grabeslaterne
es kommt mir vor wie in einem märchenhaften Sommer-nachtstraum

Ja, es ist wie ein Sommernachtstraum der mich zutiefst berührt
ein romantischer Schauspiel wie aus einem altbekannten Märchen, ich erinnere gerne mich
Als Kind hatte ich stets diesen Traum, nun hat er mich hierher geführt
und heute inspirieren mich diese Geschehnisse zu einem Gedicht

„Schneewittchen" so hat es wohl geheißen, dieses Märchen
und es waren wiederum kleine Zwerge in ihrem Tun
und jene weinten und klammerten sich am gläsernen Sarg mit ihren Ärmchen
und heute bin ich es der da seine Liebste beweint, die da wird nun ewig ruh'n

Ja, „Du" sehnst Dich nach ewiger Ruh, Du meine kleine Märchenfee

möchte Dir im Tode so nah wie möglich sein
möchte am liebsten neben Dir ruhen, Du kleines scheues Reh
ohne Dich in Gedanken zu küssen, kann ich nicht gehen
heim

Ja, ohne Dich kann ich nicht atmen, nicht sein
Ohne Dich wein ich einfach nur so, ohne Grund
Ohne Dein Bildnis vorher zu streicheln, schlafe ich des
Nachts nicht ein
In meinen sehnsüchtigen Träumen küsse ich so gern Dei-
nen lieblichen Mund

Und wenn ich in Deine Augen seh´
die da leuchten nur für mich
so schmerzt es mich umso mehr, ach es tut so weh
das es nur Dein Abbild ist, und nicht Dein wahres Ich

Nanu, ich seh sie nicht mehr, die kleinen Elfen und
Wichte
ob sie haben mich nun dennoch bemerkt?
scheu wie sie sind, tummeln sie sich im Mondscheinlichte
geduckt hinter hohem Gras, um später zu arbeiten an
ihrem Werk

Denn ich weiß, geh ich vom Grab hinweg
weil sie glauben, dass ich mich nicht werde noch mal
umsehen
kommen all diese kleinen himmlischen Geister aus ihrem
Versteck
um meine mitgebrachten Gaben ordnungsgemäß am
Grab nieder zu legen

Musik erklingt so schön gesungen nur für Dich
Es sind die berühmten „Vier letzte Lieder" von „Richard
Strauss"
Gewiss, es tönt nur in meinem Kopf, denn richtig hören
kann ich sie jetzt nicht
„Dir" zum Gedenken spiele ich jenen Gesang später für
Dich zu Haus

Habe beim Anhören dieser Musik oft geweint
weil „Du" mir immer gegenwärtig dabei bist
halte meine Augen geschlossen, bin mit Dir gefühlsmäßig
vereint
Das sind Momente in meinem Denken, die man nicht
vergisst

„Mein Engel", Dein Tod hat mich zu Tränen gerührt
die in jeder damaligen Nacht sind an meinen Wangen
entronnen
aufgeschreckt durch beklemmende Träume, die da waren
von mir phantasiert
habe ich an Deinem Unglück mit Entsetzten dran teilge-
nommen

Der Tag bevor Du kamst in mein Leben
wie kann es sein, dass ich leben konnte ohne Dich
War es von Gott so gewollt nur in Gedanken mit Dir zu
reden
Das er mich zum Poet werden ließ, ich weiß es nicht

Ich selbst bin nicht mehr der Jüngste, bin des Wanderns
müde

von fern ist noch zu sehen das schimmernde Licht vom
Abendrot
es umklammert mich eine sonderbare, doch angenehme
Kühle
bin in mich gesunken, ist das etwa der Tod?

Mein Blick fällt auf „Jenny's" Grabstein
will niederknien um eine Grabesblume zu küssen
Doch ich spür, ich bin nicht allein
als da eine mir bekannte Stimme spricht:

> „Die mich suchen wissen wer ich war
> die Anderen brauchen es nicht zu wissen"

Spät ist es geworden, es dunkelt mehr und mehr
eine kleine Elfe schwebt fast unsichtbar herbei
still und scheu sieht sie mich an
Wird sie in dieser Nacht an „Deiner Seite" ruh'n?
ich wünsche es mir so sehr
weil ich gehen muss, nicht bleiben darf, nicht anders kann

Leb wohl,
mein Mädchen, „Du" wirst in meinem künftigen Leben
mir fehlen
Ein Dichter ist es der dies sagt und Dich liebt
Aber der Wind, den Du da so liebst, wird mir von Dir
erzählen
Und es ist diese kleine Elfe am Grab die nachdenklich
mir nachsieht

Epilog

Lege gerade den ersten Satz der dritten Sinfonie von Rachmaninow beiseite. Was für eine herrliche durchströmende Musik sich mir offenbart. Ich verbinde schöne Musik mit weiblichem Charme. Mit anderen Worten, ich denke an „meine Liebe" und kleide sie in einer meiner Lieblingsmelodien. Ich liege da nieder und folge den symphonischen Harmonien. Diese Melodien befreien mich von melancholischen Fledermäusen, ich meine, sie lenken mich ab von dunklen Schwingungen in meiner Seele.

Doch wenn ein musikalischer Ablauf laut Komposition sich aufbäumt und in sich wieder zusammenfällt, erinnert es mich an eine dunkle Zeit. Auch sehe ich dann in meinen Gedanken jenes Unglück was da mein „Liebstes" zeigt, als „Sie" auf tragische Weise ums Leben kam. Ich bin dann so niedergedrückt und vermag an nichts mehr zu denken.

Und wenn mein Herz denkt dann steht es still.

Ach, wo und wann werde ich den letzten Atemzug tun, und weiß man dann auch, ob es der letzte ist, den man tut. Ich muss mich vor allen melancholischen Eindrücken in Acht nehmen.

Ich seh auf „Jennifers Bildnis", es schweigt, aber es lächelt mich freundlich an. Ihr Blick tut mir im Herzen wohl. Ich dichte dann wenn ich an „Sie" denke und andere Menschen wissen es, wenn ich es ausspreche.

Es ist so still in meinem Zimmer. Mir ist nach Musik
zumute. Noch mal Rachmaninow?
Sehe auf Jennifers Bild

„Jenny, sag doch was, möchtest Du auch mit zuhören?
Ach Jennifer, s a g d o c h w a s ,
s a g i r g e n d e t w a s "

Jennifer Nitsch

Manfred Nemann